海洋经济高质量发展

生鲜水产品
电商与供应商优选

——基于竞争情报分析视角

汪杰峰　著

中国农业出版社

北　京

图书在版编目（CIP）数据

海洋经济高质量发展. 生鲜水产品电商与供应商优选：基于竞争情报分析视角 / 汪杰峰著. -- 北京：中国农业出版社，2024.12. -- ISBN 978-7-109-32825-9

Ⅰ. F74

中国国家版本馆 CIP 数据核字第 20242389JC 号

中国农业出版社出版

地址：北京市朝阳区麦子店街 18 号楼

邮编：100125

责任编辑：张丽四　李　辉

版式设计：杨　婧　　责任校对：吴丽婷

印刷：中农印务有限公司

版次：2024 年 12 月第 1 版

印次：2024 年 12 月北京第 1 次印刷

发行：新华书店北京发行所

开本：700mm×1000mm　1/16

印张：11.75

字数：205 千字

定价：78.00 元

PREFACE / 总序

　　海洋是生命的摇篮、资源的宝库、交通的命脉。海洋空间广袤辽阔,资源丰富多样。党的十八大以来,以习近平同志为核心的党中央作出了建设海洋强国的重大战略部署,强调海洋是高质量发展战略要地,建设海洋强国是中国特色社会主义事业的重要组成部分,必须进一步关心海洋、认识海洋、经略海洋。党的二十大报告作出发展海洋经济、保护海洋生态环境、加快建设海洋强国的战略安排。党的二十届三中全会也明确提出了完善促进海洋经济发展的体制机制,健全海洋资源开发保护制度等要求,建设海洋强国的"四梁八柱"已基本形成。

　　浙江省是中国革命红船起航地、改革开放先行地。浙江省拥有得天独厚的海洋资源禀赋,海岸线总长 6 486 千米,海域面积约 22 万平方千米,面积大于 500 平方米的海岛有 3 061 个,是全国岛屿最多的省份。21 世纪是海洋的世纪,海洋经济在经济社会发展中的地位和作用将愈加突出。

　　鉴于此,作为浙江省海洋发展智库联盟的牵头单位,宁波大学东海研究院课题组积极贯彻党中央、国务院关于建设海洋强国的战略部署,立足浙江省实际,针对海洋经济高质量发展领域专门编著了"海洋经济高质量发展丛书"。丛书包括四本专著。一是认清东海现状是研究的基础,也是本丛书的首要关注点。余璇博士撰写的《海洋经济高质量发展:东海海洋经济发展评估与产业景气研究》一书主要起到摸清家底的作用,力图通过量化方法评估东海区域涉及省份的海洋经济高质量发展的现状,探究东海区域的海洋产业的景气情况。二是食物供给是海洋最基础的功能,也是本丛书的聚焦重点所在。汪杰峰博士撰写的《海洋经济高质量发展:生鲜水产品电商与供应商优选》研究了水产品流通数字化趋势,提出产品供应商优选思路。叶胜超博士和汪浩瀚教授撰写的

《海洋经济高质量发展：渔业金融支持与风险防控》系统探讨了金融支持渔业发展的作用机制和效果，提出了完善的建议。三是服务地方经济社会发展是研究院的主要落脚点之一。余杨、胡求光等教授撰写的《海岛高质量发展："生态立县"之嵊泗实践》就是研究院近期的重要实践探索。

具体而言，《海洋经济高质量发展：东海海洋经济发展评估与产业景气研究》指出，作为海洋经济发展的"领头羊"，东海海区所涉及的三省一市（江苏省、浙江省、福建省和上海市）的海洋产业生产总值占全国海洋产业生产总值的比重更是常年高达 40％以上，海洋产业生产总值占地区生产总值的比重更是常年接近 20％，海洋产业发展对地区经济发展的推动作用尤为明显。该书共分为三大部分：第一部分重点评估东海海洋经济发展，一方面从发展趋势、产业现状和区域差异三方面对东海海洋经济发展状况进行总体评价，另一方面从海洋经济发展效率和资源配置效率两方面对东海海洋经济发展状况进行定量评估；第二部分重点研究东海海洋产业景气情况，在指标体系构建的基础上，将海洋产业景气总指数细分为规模指数、结构指数、成效指数、潜力指数和绿色指数五个分指数，定量测算并分析东海及所涉三省一市的海洋产业景气情况；第三部分侧重于经验借鉴和发展对策，在对美国、英国、挪威、韩国和日本等国家海洋产业发展典型案例进行分析的基础上，识别东海海洋经济发展存在的问题，并从拓展深远海发展空间、强化海洋资源集约利用、推进海洋科技创新集聚、加快传统海洋产业转型和打造现代海洋产业集群等方面提出相应的对策建议。

《海洋经济高质量发展：渔业金融支持与风险防控》旨在充分考虑渔业产业特点及中国渔业阶段性发展特征，在辩证把握金融市场与现代产业发展关系的前提下，从规范金融、民间金融与数字金融三个角度考察中国渔业的金融支持问题，并从渔业风险特性及金融市场内在逻辑两个方面，前瞻性地关注渔业金融支持体系构建中的风险问题，从而提出关于完善渔业金融支持的系统性建议。该书重点探讨了以下问题：第一，金融支持渔业高质量发展的理论基础与可能路径；第二，我国渔业高质量发展科学评价体系构建与测量；第三，不同类型金融支持对于渔业发展的支持效果与作用机制；第四，我国渔业金融风险状况及其内外动态关联性问题；第五，渔业产业金融支持及风险防控策略的探讨与构建。该书认为，我国目前渔业发展的金融支持远未达到理想状态，实际效果与理论推演存在相当大的差距，渔业金融风险的存在更加剧了渔业企业的融资困境；但规范金融、民间金融与数字金融表现出各有侧重、彼此配合的趋势，这为探讨渔业多层次金融支持策略提供了重要思路。作者提出的渔业金融支持体系与引导性策略构建的建议具有一定的参考价值，有助于我国渔业在新时代实现高质量发展的目标。

《海洋经济高质量发展：生鲜水产品电商与供应商优选》指出，生鲜水产品电商是海洋经济高质量发展的重要组成部分，而生鲜水产品供应商选择是电商平台和海洋经济高质量发展的战略性挑战。随着信息技术的发展和电商竞争的加剧，竞争情报在电商平台供应商优选中的作用更加凸显。该书从竞争情报分析视角出发，主要从竞争环境、竞争对手和竞争策略三个方面，综合运用了行为实验、神经科学、博弈理论和多属性群决策等学科交叉领域的研究方法，探究了在不确定竞争环境下的生鲜水产品电商平台供应商优选问题。首先，在竞争环境层面，该书用 ERP（事件相关电位）方法揭示了消费者对产品的认知和情感反应，为供应商优选提供新颖的证据和角度，使得研究结果更加科学可靠；其次，在竞争对手层面，该书用演化博弈模型分析了消费者、平台方和政府之间的互动与策略选择，为生鲜水产品电商平台供应商优选提供了市场竞争策略和定价策略；再次，在竞争策略层面，该书提出了单值中智组合加权对数平均距离（SVNLCWLAD）度量的新型多属性群决策模型，为供应商优选提供一种新的、高效的决策工具；最后，该书为电商平台、政府监管部门和供应商提供了一系列的对策和建议。

为积极响应浙江省社会科学界联合会"社科赋能行动"，对接中共嵊泗县委宣传部、县社会科学界联合会，聚焦海岛样本，探讨以高品质生态环境支撑高质量发展的生态文明理论与实践创新，形成了《海岛高质量发展："生态立县"之嵊泗实践》。该书系统梳理了嵊泗县"生态立县"战略的形成、确立以及发展过程，总结从 1.0 版美丽资源建设向 2.0 版美丽经济转化的高质量发展道路，以及正迈向打造 3.0 版新时代美丽、美好、现代化海岛样板的新历程，诠释了"两美"生态建设的理论内涵，提炼了规划引领、生态为先、产业为本、创新驱动、生态惠民、制度增效六个具有先行示范作用的重要做法。该书还凝练了海岛高质量建设三个方面的宝贵经验，可以为全省乃至全国提供重要参考：一是以党的全面领导推进海岛生态高标准顶层设计，落实到常态化、长效化制度建设和海陆协同治理模式，将制度优势转化为美丽胜势；二是做大做强高质量蓝色现代产业体系，创新推进蓝色产业融合发展，开拓实现蓝色生态产品系统转化，提升蓝色经济可持续发展的现代化水平；三是以生活高品质为核心引领，做好富民、惠民、乐民的美丽"组合拳"，共建共享生态福祉，共创美丽美好生活。该研究成果以校地形式进行了联合发布，获得省部级领导、县党政主要领导的肯定性批示，获得中共嵊泗县委党校的大力支持，还获得了"浙江社科""潮新闻""腾讯网"等媒体的报道转载，成为产学研合作研究的重要积累。

我相信，本丛书将为浙江乃至全国沿海地区推动海洋经济高质量发展提供有益的经验借鉴，并能为相关政策的制定完善和宏观决策提供可信的理论依据。

2024 年 4 月 2 日

PREFACE / 前言

　　生鲜水产品电商是海洋经济高质量发展的重要组成部分，而生鲜水产品供应商选择是电商平台和海洋经济高质量发展的战略性挑战。选择合适的供应商不仅能够确保产品质量和安全，还能提高电商平台竞争力，提升海洋经济发展质量。然而，生鲜水产品电商平台供应商优选面临着情报和竞争环境的不确定性。这些不确定性使得供应商优选变得复杂而具有挑战性。对生鲜水产品电商平台而言，如何利用现有优势、规避劣势、培养和提升网站的市场竞争力，并制定出有效的供应商优选策略显得十分迫切，虽然这一过程表面上与竞争情报收集无关，但实际上，它暗含了对竞争对手策略和市场趋势的密切关注与深入分析需求。竞争情报是对竞争环境、竞争对手及自身竞争策略的综合性信息与分析成果，是一套围绕竞争环境和竞争对手展开的研究过程，旨在生成用于制定竞争策略的决策性知识。竞争情报被公认为是除资本、技术、人才之外的企业"第四核心竞争力"。面对未来电商平台复杂不确定的竞争环境，本书从以前尚未涉及的竞争情报角度进行有益的探索和尝试，力图从竞争情报分析视角出发，从生鲜水产电商的竞争环境、竞争对手和竞争策略三个方面，综合运用行为实验、神经科学、博弈理论和多属性群决策等多学科交叉方法，探究不确定的竞争环境下的生鲜水产品电商平台供应商优选问题。

　　随着大数据、人工智能等技术的不断发展，竞争情报在生鲜水产品电商平台供应商优选中的作用将更加凸显。电商平台可以借助先进的技术手段进一步提升情报收集和分析的效率与准确性，为供应商优选提供更加有力的支持。同时，电商平台还需要不断创新和优化供应商优选策略，以适应市场和消费者需求的变化，保持自身的竞争优势。本书主体部分为第五、六、七三个章节，构成了解决不确定竞争环境下的生鲜水产品电商平台供应商优选问题的综合方案。第五章用 ERPs 方法揭示了消费者对产品的认知和情感反应，提供了关于生鲜水产电商的网页竞争的关键情报信息；第六章介绍的演化博弈方法提供了对消费者如何在竞争市场中选择策略和演化的理解，提供了关于消费者主体间竞争行为的关键情报信息；基于第五、六章提供的消费者竞争情报，第七章提出了单值中智语言对数加权距离度量方法，利用多属性群决策框架，将消费者的竞争环境、竞争对手与供应商优选相结合，为在不确定的竞争环境下选择最佳供应商提供科学依据。这三个章节相互协同，构成了一个完整的框架，帮助研究者解决生鲜水产品电商平台供应商选择问题，确保最佳生鲜水产供应商的选择是竞争环境、竞争对手和竞争策略的综合考虑。

具体而言，第五章从产品因素、平台因素及售后因素三个方面，以及维度层面的 21 个二级指标构建了竞争环境，即网页上生鲜水产品网购意愿影响因素指标体系，采用问卷调查的形式获取一手数据，并利用 SPSS 软件进行相关检验分析。分析显示，电商网页上各维度影响因素对消费者生鲜水产品网购意愿均造成了一定程度的影响，但无显著维度差异，难以从统计分析角度提取显著变量信息。为了深入探究网页上消费者网购意愿的潜在认知机制，本文引入 ERPs（事件相关电位）技术，深入了解消费者网购时的认知与情绪加工过程。研究结果显示，消费者更喜欢鲜活水产品的动态图片，其购买意向显著高于静态图片。在神经层面上，动态图片降低了认知冲突，激发了积极情绪。这一研究强调了神经科学方法在揭示消费者感知产品价值、认知和情感方面的价值。

在竞争环境下，考虑到消费者主体间行为影响、反馈机制，第六章进行了消费者生鲜水产品网购行为及决策研究。第六章运用演化博弈模型分析了消费者、平台和政府之间的互动与策略选择，对消费者生鲜水产品网购行为的不确定性特征进行了分析。研究结果表明，消费者生鲜水产品网购行为会受各类不确定参数的影响，其参数值的取值大小及参数取值变化均会影响消费者、平台和政府的演化稳定策略组合；在市场竞争中，消费者的策略从随机选择向相对优势策略演化；政府与消费者的协同治理被强调为规范市场行为和保护消费者权益的必要条件。第六章为生鲜水产品电商平台供应商优选提供了市场竞争策略和定价策略的洞察。

本书第五、六章的研究成果表明，消费者竞争环境，即网页上生鲜水产品网购意愿因素和竞争对手，消费者行为因素对于塑造生鲜水产品消费者的选择行为具有重要影响，因此在评估生鲜水产品电商平台供应商的优选问题时，这两个方面情报的考虑至关重要。同时，考虑到生鲜水产品供应商优选分析时存在的大量模糊性和不确定性因素，第七章引入单值中智集（SVNLS）方法来适应该模糊决策环境，在单值中智语境下提出了一种利用单值中智组合加权对数平均距离（SVNLCWLAD）度量的新型多属性群决策模型，将消费者的意愿与行为情报和供应商评估结合，探讨在不确定的竞争环境下生鲜水产品电商平台供应商的优选问题。这种方法综合考虑了多种不确定性因素，支持决策的科学性和客观性，为供应商优选领域提供一种新的、高效的决策工具和解决方案。

在竞争情报理论方法思想指导下，本文为电商平台、政府监管部门和供应商提供了一系列的对策和建议，涵盖了供应商资质认证、产品追溯体系、配送监管、抽检和检测、消费者知情权和跨部门合作等多个方面，旨在提高产品质量、保护消费者权益、促进市场竞争力，从而推动生鲜水产品电商和海洋经济的可持续发展。

著　者

CONTENTS / 目录

第一章
引言与背景

  生鲜水产品一直以来都是人类饮食中不可或缺的一部分,因其丰富的营养价值和美味口感而备受消费者青睐。互联网技术的不断发展和电子商务的兴起,为消费者提供了更广泛的选择和便捷的购物体验。越来越多的消费者选择通过在线渠道购买生鲜水产品,这一趋势在全球范围内持续增长。然而,由于生鲜水产品的特殊性质,包括易腐坏性、运输要求严格和质量要求高等,与传统零售市场不同,生鲜水产品在电商平台上的销售和供应涉及一系列独特的挑战和机遇。正确选择供应商可以保证产品的质量和安全,为消费者提供多样化的选择,提高消费者满意度,同时也可以提高平台的竞争力和盈利能力。

  生鲜水产品电商作为海洋经济高质量发展的重要一环,其供应链的稳定性和高效性在一定程度上决定了电商平台的竞争力与市场地位。随着互联网技术的发展与消费者需求的多样化,生鲜水产品电商平台不仅面临着供应链管理的挑战,还需要在竞争日益激烈的市场中保持持续创新与适应性。因此,供应商的优选成为电商平台在提升产品质量、保障食品安全以及提高市场竞争力方面的战略性议题。

  生鲜水产品电商平台的供应商选择不仅涉及供应链的经济效益和运营效率,更深刻地影响着平台的品牌声誉和消费者的信任度。然而,随着市场环境的日益复杂,供应商优选的过程也面临着多重不确定性。这些不确定性不仅来自供应商自身的资质和能力,还源自市场竞争的动态变化以及消费者需求的不断转变。如何在这样的环境下做出科学、合理的供应商优选决策,成为电商平台亟待解决的问题。

  竞争情报作为企业在复杂市场环境中获取竞争优势的重要工具,能够有效辅助电商平台在供应商优选过程中识别潜在风险和机遇。竞争情报不仅涵盖了对竞争对手和市场环境的分析，还涉及对自身竞争策略的反思与优化。因此，从竞争情报的视角出发研究生鲜水产品电商平台的供应商优选问题，不仅具有重要的理论意义，还具有现实的应用价值。

本文从竞争情报分析的角度，系统探讨了在不确定的竞争环境下生鲜水产品电商平台的供应商优选问题。通过引入行为实验、神经科学、博弈理论以及多属性群决策等多学科交叉方法，本文旨在为电商平台的供应商优选提供新的理论依据与实践指导。不仅揭示了消费者行为对供应商选择的影响，还提出了应对市场不确定性的供应商优选策略。随着大数据与人工智能技术的迅猛发展，竞争情报在供应商优选中的应用前景将更加广阔，本文的研究成果也为电商平台的未来发展提供了前瞻性的建议与对策。本文通过对竞争情报的深入分析与多维度探讨，力求为生鲜水产品电商平台在供应商优选方面提供系统化、科学化的决策支持，推动海洋经济的高质量发展。

■ 第一节　生鲜水产品电商的竞争环境分析

信息技术的迅猛发展和互联网的普及，使得电子商务成为现代经济中不可或缺的一部分。在电子商务领域中，生鲜水产品电商平台作为一个重要的子领域，为消费者提供了更加便捷和多样化的购物体验，同时也为供应商提供了更广阔的市场空间。然而，在复杂多变的市场竞争环境下，生鲜水产品电商平台如何选取优质的供应商，满足消费者的偏好需求，并促进消费者的购买行为，成了一个具有挑战性的问题。

一、政治法律环境

生鲜产品市场机制落后，制约着整个生鲜产品行业的快速发展，严重影响"三农"问题解决进程。2004—2020年发布的中央一号文件中，有11个都提出加强生鲜产品流通体系建设。这些一号文件中，现代物流、电子商务、生鲜产品冷链系统等关键词频繁出现，可见中央对大型生鲜产品改革的重视程度。2005年，中央提出鼓励发展现代物流、电子商务等新型业态和流通方式，建设以冷藏和低温仓储运输为主的生鲜产品冷链系统，开通整车运输生鲜产品的绿色通道。2006年，中央提出加强农村现代流通体系建设，完善全国生鲜农产品"绿色通道"网络互通。2007年，中央提出建设生鲜产品流通设施和发展新型流通业态，切实落实生鲜产品运输绿色通道政策。2008年，中央提出加快落实生鲜产品绿色通道省内外车辆无差别减免通行费政策。2009年，中央提出重点扶持生鲜农产品生产基地与大型连锁超市、学校及大企业等产销对接，减少流通环节，降低流通成本，完善全国生鲜产品绿色通道政策。2010年，中央提出加大力度建设粮棉油糖等大宗农产品仓储设施，完善鲜活生鲜及农产品冷链物流体系，支持大型涉农企业投资建设农产品物流设施。2012年中央提出支持拥有全国性经营网络的供销合作社和邮政物流、粮食流通、大型商贸企业等参与生鲜产品批发市场和仓储储存体系的建设经营。发展生鲜产品连锁配送物流中心，支持建立一体化冷链物流体系。发展生鲜产品电子商务等现代交易方式。2013年，中央提出大力培养现代流通方式和新型流通业态，发展生鲜产品网上交易。2014年，中央提出完善生鲜产品冷链物流体系，加强生鲜产品电子商务平台建设。2015年，中央大力强调创新生鲜产品流通方式。完善流通骨干网络，加大生鲜产品仓储物流设施建设力度。在加强产地市场建设，加快构建跨区域冷链物流体系，继续开展公益性生鲜产品批发市场建设试点。推进合作社与超市、学校、企业、社区对接，清理整顿乱收费问题。发展生鲜产品期货交易，开发期货交易新品种。支持电商、物流、贸易、金融等企业参与涉农电子商务平台建设。开展电子商务进农村综合示范。2016年，中央提出加强商贸流通、供销、邮政等系统物流服务网络和设施建设与衔接，加快完善县乡村物流体系，建立健全适应农村电商发展的生鲜农产品质量分级、采后处理、包装配送等标准体系。2017年，中央提出促进新型农业经营主体、加工流通企业与电商企业全面对接融合，推动线上线下互动发展。加快建立健全适应生鲜产品电商发展的标准体系。支持农产品电商平台和乡村电商服务站点建设。2020年，中央提出启动农产品仓储保鲜冷链物流设施建设工程。加强农产品冷链物流统筹规划、分级布局和标准制定。安排中央预算内投资，支持建设一批骨干冷链物流基地。

　　从十几年的中央一号文件的变化中不难看出，在生鲜产品政策上，由流通环节政策逐步扩大到全产业政策；从一般性政策引导逐步发展为科学、有机的可操作型政策；面对生鲜产品市场的问题，提出了明确的解决方案，在可实施的政策手段上，种类逐渐变多，科技含量逐步加大，重视程度逐步加强。

二、社会环境

　　近年来，随着网络技术的快速发展，互联网电商在短期内渗透各大行业领域，开辟了网络消费新格局。伴随着互联网技术的普及，越来越多的消费者开始转变消费理念，将购物方式从传统线下购物向线上转型，互联网消费逐渐成了主流消费模式。截至 2023 年，互联网电商在包括大宗商品、服装、电器、食品、图书等国民生活各大领域占据了巨大的市场份额。2023 年，中国产业电商（也叫行业电商或 B2B 电商）市场规模达到 34 万亿元，相较于 2022 年的 31.4 万亿元，同比增长 8％左右。大宗商品电商（包括能源、化工、钢铁、矿产等大宗商品的线上交易）的市场规模达到 26 万亿元，同比增长 6％～7％。2023 年，中国的电商市场依然呈现强劲增长势头，尤其是产业电商和大宗商品电商，显示了巨大的商业潜力和发展空间。传统行业的电商化及新兴电商形式（如直播电商和跨境电商）的兴起，都为市场注入了新的活力。

随着我国经济持续健康增长和人民生活水平不断提高，高蛋白、低脂肪的水产品受到更多的青睐，人们对生鲜水产品需求量处于逐年增长态势，占到生鲜电商交易额的 1/3 以上[①]。据商务部统计，2020 年，水产品网络零售额约为 345 亿元，同比增长 9.3％，年复合增长率达到 23％。相较于水果、蔬菜等已开发的生鲜电商产品，水产品电商由于其巨大的创利性，被生鲜电商行业普遍认为具有较大的发展空间。目前，越来越多的生鲜电商开启布局生鲜水产品，以期抢占未来消费者市场。

三、经济环境

生鲜电商依托于互联网销售生鲜产品，成为近年来国内新兴的电商模式。伴随着互联网技术和物流技术的不断发展，特别是受新冠疫情影响，消费者对生鲜电商行业的信任度提升，线上渠道成为消费者重要选择。2021 年，中国生鲜电商行业市场规模同比提升 18.2％，为 3 117.4 亿元[②]，网经社电商大数据显示，2023 年中国生鲜市场规模达 6 424.9 亿元，同比增长 14.7％。中国生鲜行业市场占有率呈现高速攀升趋势。基于巨大的潜在市场需求，越来越多的电商企业纷纷涉足生鲜销售这一被普遍认为具有较大潜在市场规模但又颇具挑战性的领域。生鲜电商起源于 2005 年成立的易果生鲜，伴随着绿色有机食品理念的形成，莆田网、果菜网、天天果园及多利农庄等平台在 2009 年相继成立。2012 年，生鲜电商进入发展阶段，逐步进入大众视野，包括顺丰优选、京东生鲜等平台正式上线，拉开了生鲜产品电商时代序幕。2013—2017 年。

---

① 数据来源：《中国水产品电子商务报告（2019）》。
② 数据来源：艾媒报告中心：report iimedia.cn© 2022 iiMedia Research Inc.

盒马鲜生、叮咚买菜、美团优选、每日优鲜等电商平台相继成立；京东投资布局O2O（线上到线下）战略，发展了京东到家、京东冷链物流；大润发、永辉等大型商超布局生鲜优选销售。同时，国家也推出了一系列政策以支持生鲜电商发展。2015年，国务院办公厅印发了《关于促进农村电子商务加快发展的指导意见》，培育农村电子商务市场主体，扩大电子商务在农业农村的应用，改善农村电子商务发展环境，以促进生鲜水产品电商的发展。2018—2019年迎来了生鲜电商发展的小高峰，各大电商平台开启了产业融资，为抢占消费者市场进行布局，形成了多种生鲜电商模式共存的局面。现存的3种生鲜电商平台类型如表1-1所示。

表1-1 生鲜电商平台分类

平台类型	代表性平台
综合性电商	京东、天猫、苏宁易购、拼多多
O2O电商	盒马鲜生、叮咚买菜、美团买菜、小象生鲜
垂直电商	每日优鲜、鲜生活、天天果园、本来生活

2020年，疫情暴发进一步促进了生鲜电商行业的发展。生鲜电商凭借其"无接触式配送"，解决了管控期消费者对生鲜产品的实际需求，生鲜电商发展得到了空前的支持，生鲜市场形成了多种生鲜电商模式共存局面。数据显示，截至2022年4月底，生鲜电商相关企业总注册量达27 047家，比2017年的10 315家增长1.62倍，各大生鲜电商平台订单量激增。艾媒咨询对2016—2026年中国生鲜电商市场规模进行了统计及预测，其结果如图1-1所示。

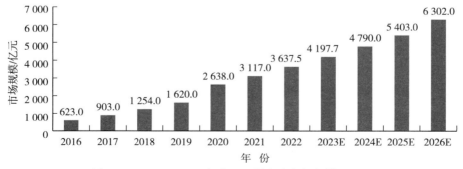

图1-1 2016—2026年中国生鲜电商市场规模及预测

注：年份＋E表未来预测。

第二节　生鲜电商的发展历程

生鲜电商在我国一经兴起便受到电商企业和消费者的极大关注，随着电子商务的进一步发展和人们消费习惯和观念的转变，生鲜电商以惊人的速度发展起来，其在生鲜市场的渗透力也在逐年提高。我国的生鲜电商发展大致可以分为探索启动期、快速发展期和转型升级期三个阶段，如表1-2所示。

表1-2　我国生鲜电商发展历程

	探索启动期 （2005—2011年）	快速发展期 （2012—2015年）	转型升级期 （2016年至今）
经营种类	以水果为主、蔬菜为辅	以水果为主，蔬菜、花卉、肉蛋奶、水产海鲜等品类逐渐增加	水果、花卉、肉蛋奶、水产海鲜蔬菜全品类
发展特点	以地域性垂直电商为主，发展较为缓慢	生鲜电商获得大量资金注入，大型电商平台细分生鲜电商品类资本向头部电商集中，生鲜电商市场高速发展	一批中小型生鲜电商企业倒闭或被并购，腾讯、阿里等电商巨头入局，不断加大冷链物流和生鲜供应链投资，并带来一系列的创新发展模式 2020年疫情使得大量消费者参与网购，生鲜电商发展迎来新机遇
主要商业模式	城市中心仓模式	城市中心仓模式、前置仓模式	城市中心仓模式、前置仓模式、前店后仓模式、社区拼团、冷柜自提等
代表企业	易果生鲜、沱沱工社、菜管家、优菜网、我买网等	本来生活网、天猫生鲜、京东生鲜、永辉超市、顺丰优选、多点Dmall等	盒马鲜生、每日优鲜、京东到家、7FRESH、美团买菜等

一、探索启动期（2005—2011年）

2005年，国内首家生鲜电商——易果生鲜在上海成立，其一开始就致力于向注重生活品质的都市中高端家庭提供精品生鲜食材。易果生鲜网购平台的建立标志着我国生鲜电商开始起步，是B2C（企业对消费者）生鲜产品电商在国内的最早尝试者。

2008年，垂直生鲜电商平台沱沱工社面世。为了保证生鲜产品的质量，沱沱工社斥巨资在北京平谷自建了上千亩①的大棚，种植有机蔬菜。为了保证

---

①　亩为非法定计量单位，1亩＝1/15公顷。

有机蔬菜的新鲜，自建农场后需要一个有效的配送机制，沱沱工社又投资建立自营配送中心和冷链物流体系[①]，打造了一条全产业链结构。

2010年，菜管家电子商务有限公司在上海成立。依托广泛的农业基地联盟和强大的物流配送实力，菜管家迅速成为农产品电商B2C领域的佼佼者。同年，优菜网在北京上线。优菜网创造了一种"像送牛奶一样送菜"的新电子商务模式，并通过预定、定时配送和集中配送等低成本运作方式，让低客单价的生鲜电子商务成为可能[②]。

2011年，中粮我买网的全程冷链——生鲜频道上线，同年淘宝网也设立了生鲜电商销售频道。

2009—2011年，涌现出一大批生鲜电商企业。这一阶段的生鲜电商主要采用传统电商的订购配送模式，网站多为B2B（企业对企业）或B2C垂直电商模式，品类也以水果为主、蔬菜为辅，但是生鲜电商的优势并不突出，线上商城通过多头对接生产基地，自建物流实现配送，电商运营环境也不成熟，客户规模难以扩大，加之许多的生鲜商家进入这个行业，导致了行业泡沫的产生，最终许多生鲜电商倒闭。

二、快速发展期（2012—2015年）

2012年被视为生鲜电商迅速发展的元年。这一年起航于北京的本来生活网凭"褚橙进京"营销事件一举成名，接着又发起"京城荔枝大战"，这两大经典营销事件吸引网购一族加入生鲜电商消费大军，迅速引起社会资本的关注，并掀起了一轮投资热潮[③]。同年，顺丰优选及京东商城的生鲜频道也上线运营。

2013年，顺丰优选发挥其物流优势，与阳澄湖大闸蟹和锡林郭勒草原羊建立直采渠道，开始以自营模式试水生鲜业务；2014年，顺丰优选的京东商城旗舰店正式上线，同年，天猫也加入生鲜电商阵营；2015年以"农改超"经营生鲜产品著称的永辉超市入驻京东到家，自建生鲜仓储物流中心，打造垂

---

① 龚进辉. 扒一扒高端生鲜农产品电商的3种主流玩法 [BE\OL]. (2020-07-032) [2020-05-25]. http://www.360doc.com/content/20/0702/06/70718113_921769855.shtml.

② 邢江波. 电子商务环境下生鲜农产品物流同城配送网络优化 [D]. 大连：大连海事大学，2012.

③ 党良，左映平. 生鲜农产品电商生存现状与发展趋势展望 [J]. 轻工科技，2016（8）：121-123.

直电商供应链，将永辉的存货和仓储与京东众包物流相结合，突破了生鲜销售"最后一公里"的物流效率限制。

移动互联网的快速发展也让生鲜电商有了更多模式的探索。伴随着人们电商消费理念的增强，生鲜电商被认为是电商领域的最后一片"蓝海"。因此，在大量资本的涌入下，产生了一大批生鲜电商企业。

这一时期的电商企业大部分都在线上或线下具有较好的资源优势，沱沱公社、菜管家、顺丰优选等生鲜电商均获得大量资金注入。在资本的强势助推下，生鲜电商行业进入了快速发展期，最多时国内独立生鲜电商平台超过4 000 家。《2014—2015 年中国农产品电子商务发展报告》显示，2013 年，全国生鲜电商交易规模达 130 亿元，同比增长 221%。2014 年，全国各类涉农电商达 3.1 万家，生鲜电商交易规模达到 260 亿元，相较 2013 年增长 100%；2015 年，生鲜电商交易规模达 497.1 亿元，同比增长 80.8%。

随着 O2O 模式走热，垂直 B2C 生鲜电商又发现了新机会，众多 O2O 生鲜平台随之诞生，如社区 001、多点 Dmall、许鲜、一米鲜、每日优鲜等。此时的生鲜电商销售品类仍以水果为主，肉蛋奶、花卉、蔬菜、水产海鲜等品类逐渐增加。

三、转型升级期（2016 年至今）

早期的 O2O 模式由于客户群体定位不准、模式难以快速复制、经营规模受限等原因，经历 2015 年的高潮期后，在 2016 年迎来洗牌期。一方面，一大批中小型生鲜电商企业倒闭或被并购；另一方面，腾讯、阿里等电商巨头入局，不断加大冷链物流和生鲜供应链投资，并带来一系列的创新模式，如每日优鲜通过前置仓模式打造护城河。同时，生鲜电商市场向京东到家和阿里的喵鲜生、盒马鲜生等主流电商集中，入口向移动端集中，产品方面不断升级进步，消费人群也在不断增加。艾瑞咨询的报告显示，2017 年生鲜电商销售额较 2016 年增长 80%，2018 年生鲜电商市场交易规模突破 2 000 亿元。2019 年，因面临长期亏损及融资难等问题，生鲜电商发展逐渐归于"平静"，从疯狂扩张步入战线收缩调整阶段。2020 年受疫情影响，消费者对于生鲜电商的需求急剧增长，生鲜电商又迎来了新的发展机遇。随着社区拼团、直播带货、门店到家等创新模式的不断涌现，电商企业又开始了新一轮的竞争。

■ 第三节　海洋经济高质量需要生鲜水产品电商创新发展

海洋经济作为全球经济的重要组成部分，在促进国家经济增长、提升人民生活水平方面发挥着至关重要的作用。近年来，随着信息技术的飞速发展和消费需求的不断升级，生鲜水产品电商迅速崛起，成为现代经济中的一个重要领域。海洋经济高质量发展与生鲜水产品电商发展是相互促进、相互依存的关系。通过科技创新、绿色发展、优化供应链管理和加强国际合作，可以推动海洋经济的高质量发展，同时也可以促进生鲜水产品电商的快速发展。

一、海洋经济高质量发展与生鲜水产品电商的相互促进

1. 科技创新的驱动作用　科技创新是海洋经济高质量发展的重要推动力。通过科技创新，可以提升生鲜水产品的生产效率和质量。例如，通过基因工程技术，可以培育出高产量、高质量的水产品。同时，科技创新也推动了生鲜水产品电商的发展，如区块链技术在溯源中的应用，确保了水产品的安全和品质。

2. 绿色发展的协同作用　海洋经济高质量发展要求注重生态环境保护，推行绿色发展理念。这一理念同样适用于生鲜水产品电商领域。通过推行绿色养殖技术，减少养殖过程中的污染，实现资源的可持续利用，可以为电商平台提供高品质的绿色水产品，满足消费者的需求。

3. 市场需求的引导作用　随着消费者对生鲜水产品品质要求的不断提高，生鲜水产品电商平台需要不断提升自身的供应链管理和服务水平。这种需求反过来推动了海洋经济的高质量发展。例如，为了满足市场对高品质水产品的需求，渔业企业需要改进养殖技术，提升产品质量，从而推动整个行业的技术进步和产业升级。

4. 国际合作的推动作用　海洋经济具有明显的国际化特征，通过加强国际合作，可以实现资源共享和优势互补。生鲜水产品电商平台通过与国际渔业企业的合作，可以丰富产品种类，提升市场竞争力。同时，国际合作也有助于推动海洋经济的高质量发展，通过技术引进和经验分享，提升整个行业的技术水平和管理水平。

二、生鲜水产品电商对海洋经济高质量发展的具体贡献

1. 提升生产效率　生鲜水产品电商通过整合供应链各环节的信息流和物流，提升了生产效率。例如，通过与养殖场、渔船直接对接，减少了中间环节，降低了成本，提高了效率。同时，电商平台通过大数据分析，可以精准预测市场需求，优化生产计划，避免过度生产和资源浪费。

2. 推动技术创新　生鲜水产品电商的发展，促进了养殖技术和加工技术的创新。例如，通过区块链技术，可以实现水产品的全程溯源，确保产品的安全和质量。通过人工智能技术，可以优化养殖过程中的环境控制，提高产量和质量。这些技术创新，不仅提升了水产品的生产效率和质量，也推动了海洋经济的技术进步。

3. 促进资源的可持续利用　生鲜水产品电商通过推行绿色养殖技术，减少了养殖过程中的环境污染，实现了资源的可持续利用。例如，通过引入生态养殖技术，减少化学药品的使用，保护水域生态环境，提升水产品的绿色品质。这种绿色发展理念，不仅提升了水产品的品质，也促进了海洋资源的可持续利用。

4. 提升市场竞争力　生鲜水产品电商通过优化供应链管理，提高了市场竞争力。例如，通过与优质渔业企业的合作，丰富了产品种类，提升了市场占有率。同时，通过品牌建设，提升了消费者的信任度和忠诚度，增强了市场竞争力。这种市场竞争力的提升，不仅促进了生鲜水产品电商的发展，也推动了海洋经济的高质量发展。

5. 增加就业机会　生鲜水产品电商的发展，创造了大量的就业机会。例如，在生产环节，需要大量的劳动力进行养殖和加工；在销售环节，需要大量的物流和配送人员；在管理环节，需要大量的技术和管理人才。这些就业机会的增加，不仅提升了人民的生活水平，也促进了经济的可持续发展。

三、生鲜水产品电商促进海洋经济高质量发展的具体案例分析

1. 案例一：阿里巴巴盒马鲜生的成功经验　阿里巴巴旗下的盒马鲜生通过整合线上线下资源，实现了生鲜水产品从渔场到餐桌的无缝对接。盒马鲜生在全国各地建立了冷链物流中心，确保了水产品的鲜度和品质。通过大数据分析，盒马鲜生能够精准预测市场需求，优化库存管理，减少浪费。这一模式不仅提升了生鲜水产品电商的竞争力，也推动了海洋经济的高质量发展。

2. 案例二：京东生鲜的供应链管理　京东生鲜通过建立自营物流体系，实现了生鲜水产品从生产基地到消费者手中的高效配送。京东生鲜采用了区块链技术，确保了水产品的可追溯性，提升了消费者对产品安全的信任度。同时，京东生鲜通过与国内外优质渔业企业的合作，丰富了产品种类，提升了市场竞争力。这一模式不仅促进了生鲜水产品电商的发展，也推动了海洋经济的高质量发展。

3. 案例三：拼多多的农产品上行模式　拼多多通过创新的拼团模式，降低了生鲜水产品的销售成本，提升了消费者的购买意愿。拼多多与各地渔业企业合作，通过直采模式，缩短了供应链，确保了水产品的鲜度和品质。同时，拼多多通过大数据分析，精准匹配供需关系，提升了供应链效率。这一模式不仅促进了生鲜水产品电商的发展，也推动了海洋经济的高质量发展。

海洋经济的高质量发展不仅依赖于科技的进步和政策的支持，更需要生鲜水产品电商的推动和创新。电商平台通过优化供应链、提升产品质量、加强国际合作，不仅提升了自身的市场竞争力，也为海洋经济的高质量发展提供了强大的动力。未来，应继续深化科技创新，推行绿色发展理念，优化供应链管理，提升品牌建设，实现海洋经济和生鲜水产品电商的协同发展，共同推动经济的可持续增长。

■ 第四节　研究问题及研究意义

一、研究问题

在电子商务蓬勃发展的时代背景下，生鲜水产品电商平台作为消费者获取生鲜产品的重要渠道，在市场中扮演着重要角色。然而，由于复杂多变的市场环境和供应商竞争激烈，供应商的优选成为电商平台管理者亟须解决的难题。因此，本文旨在探讨不确定竞争环境下生鲜水产品电商平台供应商的优选策略，以提高电商平台的经济效益和市场竞争力。本文主要目的是从竞争情报分析视角，通过对消费者意愿与行为进行深入分析，揭示其对供应商优选的影响机制。同时，借助演化博弈方法和单值中智语言对数加权距离度量方法，探讨不同供应商间的竞争策略和合作行为，为电商平台管理者提供科学合理的供应商优选决策，促进电商平台的可持续发展。

在不确定的竞争环境下，针对生鲜水产品电商平台供应商优选问题，本文旨在探索基于消费者意愿与行为分析的供应商优选方法，并深入研究 ERPs 方法、演化博弈方法和单值中智语言对数加权距离度量方法在该问题中的应用，具体研究问题包括：①消费者生鲜水产品网购意愿受哪些因素影响？具有何种性质？②如何分析消费者在生鲜水产品网购过程中的行为模式？其网购决策及网购行为受何种因素的影响？③当消费者意愿及行为具有不确定性特征时，生鲜水产品电商平台如何在不确定竞争环境下进行供应商优选？

二、研究意义

在不确定的竞争环境下，供应商优选成为电商平台成功经营的关键因素之一。因此，在不确定竞争环境下，基于竞争情报视角分析消费者意愿与行为，对生鲜水产品电商平台供应商的优选研究具有重要的学术性和实践价值。本文主要目的在于通过对消费者意愿与行为的深入分析，探讨在不确定竞争环境下生鲜水产品电商平台供应商的优选策略。通过深入研究，可以为电商平台管理者提供决策支持，帮助他们更好地了解消费者需求，优化供应商选择，提高平台的经济效益和竞争力。

首先，在不确定的竞争环境下，供应链管理、物流配送、质量控制等问题都可能受到影响。因此，如何优选供应商，建立高效稳定的供应链体系，提高供应商与消费者之间的满意度成为必须解决的课题。但是，在不确定的竞争环境下，生鲜水产品电商平台供应商优选研究相对较少，特别是从竞争情报分析视角的研究更为稀缺。本文将尝试填补这一研究缺陷，为相关领域的学术研究提供新的理论和实证依据。

其次，本文的学术意义在于从竞争情报视角探索不确定竞争环境下供应商优选的新方法与新理论。传统的供应商优选方法可能无法完全适应生鲜水产品电商平台的特殊性，因此需要结合消费者意愿与行为分析，从竞争情报视角开展深入的研究，在不确定的竞争环境下提出更加适用于该行业的优选策略与模型。这将丰富供应链管理、电商平台运营等领域的理论体系，为相关问题的研究提供新的思路和启示。

再次，本文的实践意义在于关注的是在不确定的竞争环境下生鲜水产品电商平台供应商优选，这是一个现实中具有挑战性的问题。通过考虑消费者的意愿与行为，可以更全面地了解供应商在电商平台上的表现和竞争优势。这将有助于丰富供应商优选的研究视角，推动电商平台管理和运营的优化。消费者是电商平台的重要参与者，他们的需求和选择直接决定了平台的生存与发展。基于竞争情报视角，深入分析消费者的意愿和行为，可以为电商平台供应商优选提供可靠的依据，从而使平台更好地满足消费者需求，提升用户体验，增强平台的市场竞争力。同时，优选适合消费者需求的供应商将为用户提供更优质的产品和服务，增强用户体验，提高用户满意度。用户满意度的提升将有助于吸引更多的新用户和保持现有用户，从而实现电商平台长期稳定的发展。

最后，本文深化了竞争情报理论在市场选择问题中的应用。本文研究结果将为电商平台管理者提供宝贵的经验教训，帮助他们制定更科学合理的供应商优选策略。有效优选供应商将提升平台的商品品质和服务水平，吸引更多的消费者，进而推动电商平台复购率。另外，电商平台可以更有针对性地挑选合适的供应商，降低运营风险，提高商品质量，对于促进生鲜水产品电商平台的可持续发展具有实践价值。随着消费者对食品安全和品质的日益关注，电商平台供应商的优选对于保障食品质量、提高消费者满意度具有重要意义。同时，平台可以优化供应链管理，提高供应商的整体质量，从而为生鲜水产品电商平台创造更稳固的经营基础。通过更加高效的供应商优选策略，电商平台还可以更好地适应市场的变化，增加用户黏性，提升平台的市场份额。

综上所述，本文以竞争情报理论为理论指导，其学术意义在于弥补以往研究缺陷，拓展供应商优选研究视角，促进水产电商平台发展，引导消费者购买水产品行为；实践意义在于优化资源配置，提高用户满意度，促进生鲜水产品电商平台的可持续发展。通过这些学术与实践意义，可以为电商平台管理者、决策者以及整个生鲜水产品电商行业提供有益的参考和指导，从而推动电商平台的发展，提升供应商与消费者的满意度，促进生鲜水产品电商行业的可持续发展，同时为供应链管理和电商运营等领域的研究提供新的研究思路和视角。

三、研究创新点

本文考虑在不确定的竞争环境下，结合 ERPs 方法、演化博弈方法和单值中智语言对数加权距离度量方法，从生鲜水产品电商的竞争环境、竞争对手和竞争策略三个方面揭示消费者意愿和行为，以支持关于供应商优选的研究结论。对生鲜水产品电商竞争情报研究，可以扩大企业竞争情报的理论研究，有利于竞争情报的学科发展。将竞争情报理论、技术手段应用到生鲜水产品电商的实际情况和需求上来，能够开拓竞争情报研究的新视域，也丰富了图情专业的理论研究体系。本文的创新点归纳如下。

1. 在不确定的竞争环境下的供应商优选研究　生鲜水产品市场的消费者统治现象决定了生鲜水产品电商平台供应商优选需充分分析消费者意愿及消费

者行为。考虑到消费者意愿及行为的不确定性特征，本文将供应商优选问题放置于不确定的竞争环境中进行研究。在现代电子商务领域，市场竞争激烈，消费者需求多样化，供应链和物流等因素的不稳定性都构成了复杂性因素。因此，本文将在这样不确定的竞争环境下，结合消费者意愿与行为分析，探索如何选择最优质的供应商，以适应变化多端的市场需求。

2. 在研究视角上，采用竞争情报视角　传统意义上研究供应商的优选，往往从 影响因素、平台技术搭建、服务质量水平等视角展开分析，而基于竞争情报视角对生鲜水产品电商的供应商进行研究的成果相对不足。本文将竞争情报思想引入到生鲜水产品电商的供应商，具备一定的研究价值。本文从竞争情报角度进行分析，具备一定的创新性。

3. 基于 ERPs 方法的消费者意愿影响因素分析　本文创新地运用了 ERPs 方法，即事件相关电位技术，来探索消费者意愿的影响因素。这一方法能够通过测量消费者对不同生鲜水产品的神经生理反应，从而客观、直观地了解消费者对产品属性和特征的喜好程度。这将为供应商优选提供新颖的证据和角度，使得研究结果更加科学可靠。长期以来，信息不对称是消费者在网上购买生鲜食品的主要困难。已有研究指出，图片是解决这种网络信息不对称的主要信息来源。然而，鲜有研究关注电子商务中水产品的图片展示对于消费行为的影响。本文从内隐神经层面关注消费者在购买水产品时的认知和情感加工机制，旨在探究消费者意愿影响因素的感知运动性对其购买意愿的影响。

4. 基于演化博弈方法的消费者行为分析　本文将演化博弈方法引入消费者行为分析，从而在供应商优选问题中考虑到了消费者之间的相互影响和竞争关系。通过建立演化博弈模型，本文能够深入了解消费者在不同市场条件下的决策行为，预测供应商的竞争策略以及消费者的购买行为。这样的分析有助于更好地理解供应商与消费者之间的相互作用，从而为电商平台提供更加精准的供应商选择策略。本文以生鲜水产品电商市场为研究对象，从消费者视角探讨生鲜水产品网购行为及决策。依据博弈论方法来揭示生鲜水产品网购行为的消费者选择问题，探究各方主体间的策略选择及收益分析，以期为生鲜水产品电商市场发展提供理论依据。考虑到具有主观能动性和适应性的消费者和电商平台等主体所拥有的较强的学习能力，可以在交易过程中记忆、学习相关主体的策略选择，相应地改变其自身策略，本文引入演化博弈理论来分析其长期稳定态势。本文探讨了消费者生鲜水产品网购行为及决策，系统分析了消费者、平台和政府三方策略选择的稳定性、参数阈值设定的均衡性以及各参数对主体演化的影响关系。同时，考虑到不同类型市场的分析需求，本文构建的演化博弈模型由于其大参数特性，适用于任何一种市场的演化分析。只需依据目标市场特征对其参数进行赋值，即可探究相关市场的市场特征及演化特性，反映了本研究所提出模型的现实性和可拓性。

5. 引入单值中智语言对数加权距离度量方法进行供应商优选分析　本文的创新点之一在于采用单值中智语言对数加权距离度量方法进行供应商优选分析。这一方法能够综合考虑多个指标和因素，将模糊的语言描述转化为具体的数值评价，为供应商之间的客观比较和排序提供科学的依据。通过引入这一方法，本文将在供应商优选领域提供一种全新的、高效的决策工具。

第二章

研究基础

随着电子商务的蓬勃发展和消费者对于便捷购物的需求不断增加，生鲜水产品电商平台作为电子商务领域的一个重要分支，受到了广泛关注。在复杂多变的市场竞争环境下，如何选择最优质的供应商，满足消费者的需求，成为电商平台的关键问题。本章梳理了竞争情报视角下关于生鲜水产品电商平台供应商优选研究的相关文献，以期为后续提供研究基础并寻找突破口。

■ 第一节　生鲜水产品电商平台研究

生鲜水产品电商平台作为现代电子商务领域的一个重要分支，为消费者和供应商提供了一个便捷的交易平台，使新鲜、优质的水产品可以通过网络渠道进行买卖和流通[1]。这样的平台不仅满足了消费者对于各类水产品的需求，还为供应商提供了更广阔的市场机会，促进了农渔业的发展和电子商务的进步[2]。

一、生鲜水产品电商平台发展机遇及挑战

1. 生鲜水产品电商平台发展面临的机遇　互联网技术的迅速发展使得电子商务成为全球商业模式的重要组成部分[3]。电子商务的兴起为消费者和商家之间的交易提供了全新的方式和机会，其中电商平台作为连接买家和卖家的关键媒介，也在不断地演进和创新。早期，电商平台主要是在线购物网站，提供商品信息和交易渠道。随着移动互联网的兴起，移动购物成为主要趋势，电商平台逐渐呈现出多元化、社交化的特点，融合了社交媒体、内容创作等元素[4]。

随着互联网的普及、计算机技术和互联网基础设施的不断完善，电商平台

逐渐成为一个多样化的商业生态系统[5]。电商平台作为一个虚拟的市场，为各类商品和服务提供了一个在线的交易场所，从传统的商品零售到服务领域，再到如今的生鲜水产品等特定领域，都在电商平台上得以实现。电商平台的多样性和广泛性为消费者提供了更大的选择空间，同时也为供应商拓展了更大的市场。

在电商平台中，有一些共同的特点值得关注。第一，电商平台强调虚拟性和线上交易。这种线上交易的方式突破了地域限制，使得买卖双方能够跨越国界进行交易，实现了全球化市场的概念[6]。这种全球化特点使得消费者能够访问来自世界各地的商品和服务，消费者可以随时随地进行购物，为供应商打开了全球市场[7]。第二，电商平台通常具有信息透明度高、搜索便捷等特点[8]，消费者可以轻松搜索到所需商品的详细信息、价格和用户评价等，从而做出更明智的购买决策。同时，数据驱动的个性化体验能够帮助电商平台通过分析用户的购买历史、浏览行为等数据，为消费者提供个性化的推荐和购物体验，从而提高销售转化率[9]。第三，随着智能手机的普及，移动购物已成为电商平台发展的重要趋势[10]。移动应用使得消费者能够随时随地进行购物，也促进了移动支付的发展。很多电商平台将社交和内容融入购物体验中，通过社交媒体、博客、视频等形式来进行营销，增加用户黏性和购买欲望[11]。此外，电商平台具有多样化的商业模式，包括 B2C（企业对消费者）、C2C（消费者对消费者）、B2B（企业对企业）等模式。同时，许多平台还提供了在线支付、物流配送、售后服务等一系列增值服务。正是这些特点使得电商平台在过去几年中迅速崛起，并在全球范围内取得了巨大的成功。

2. 生鲜水产品电商平台发展面对的挑战　生鲜水产品电商平台的核心特点是其在线销售和配送模式[12]，使消费者能够足不出户即可购买新鲜的海鲜、水产等产品。随着科技的不断进步，物流和配送体系的完善，消费者越来越乐于在这样的平台上进行购物。同时，供应商也受益于这一模式，可以更加高效地将产品推向市场，拓展销售渠道，降低销售成本。然而，生鲜水产品电商平台在运营过程中也面临一系列挑战和问题。第一，生鲜水产品的特性决定了其在物流和配送过程中需要更高的速度和准确性，以保障产品的新鲜度和质量[13]。第二，由于消费者对于水产品的品质、口感、安全性等方面要求较高，供应商需要在产品质量控制上投入更多的精力[14]。此外，市场竞争激烈，供应商之间的差异化竞争[15]成为一个关键问题，如何在众多供应商中选择出最合适的合作伙伴，成了一个重要的课题。

二、生鲜水产品电商平台供应商的分类与特点

了解生鲜水产品电商平台的供应商分类与特点能够更好地解释消费者行为与供应商策略之间的关系，对于水产品电商平台供应商优选研究具有重要意义。

生鲜水产品电商平台的供应商可以根据多种因素进行分类，如产品类型、供应链结构和商业模式等[16]。从产品类型的角度来看，生鲜水产品供应商可以分为海鲜、淡水鱼类、加工水产品、综合生鲜（包括水果和蔬菜）等不同类别，每种类别的供应商面临的挑战和机会都可能不同。此外，供应链结构[17]也是一个重要的分类标准，供应商可能涵盖从渔民或农户到批发商再到电商平台的多个层级，这些层级之间的合作与博弈会影响到供应链的稳定性和效率[18]。商业模式的差异也将导致供应商在平台上的表现有所不同，一些供应商可能专注于提供优质的原材料，而另一些可能更关注产品加工和包装[19]。

生鲜水产品电商平台上的供应商通常具有以下几个共同特点。一是质量与可追溯性关注[20]。生鲜水产品的特性要求供应商在保证产品质量和安全的同时，能够提供可追溯的供应链信息[21]。这对于消费者在购买时的信任和偏好具有重要影响。二是季节性和时效性[22]。生鲜水产品的供应具有明显的季节性，不同季节供应商面临不同的市场需求和供应压力。同时，时效性也是关键，因为生鲜产品需要在新鲜状态下送达消费者手中。三是价格波动性[23]。生鲜水产品价格受多种因素影响，如天气、季节、产量等，这使得供应商需要应对价格波动，合理定价以保持市场竞争力[24]。四是供应链合作[25]。由于生鲜水产品供应链通常涵盖多个环节，供应商之间需要进行合作以确保供应链的稳定性和高效性[26]。五是消费者偏好的多样性[27]。不同消费者对于生鲜水产品的偏好可能差异较大，一些消费者可能更关注产品的来源和可持续性，而另一些可能更看重产品的口感和外观。

第二节　生鲜水产品电商平台消费者信息研究

一、生鲜水产品市场消费者意愿研究

生鲜水产品网购意愿是一个连续性的，消费者与平台之间高频接触、高度交互的行为过程。考虑到消费者网购意愿生成的复杂性和不确定性，学者们对生鲜水产品网购意愿影响因素进行了多维度的研究，大体可分为以下三个维度。

1. 产品因素 产品自身相关因素会对消费者网购意愿产生重要影响，蒋玮等采用视线跟踪法用于测度不同产品展示效果条件下消费者对产品的意愿程度，以分析产品展示效果对消费者意愿的影响[28]；偏好与品质间存在动态效应，可以通过构建"时变品质度"函数探究其内在规律[29]；产品包装是刺激消费者购买意愿的直接外部线索，包装类别会对消费者购买意愿产生差异化影响[30]；王建华等运用二元 Logistic 回归模型分析得到农产品安全认证水平对消费者购买意愿产生显著影响[31]。

2. 平台因素 杜华勇等研究了电商平台竞争力前因组态，发现综合型电商构建平台竞争力侧重"效率"，而垂直电商平台侧重"创新"[32]。同时，其在平台领导策略上也存在显著区别，综合电商平台通过围绕用户基础，采用"快速做大"策略，垂直电商平台围绕核心用户，采用"精细化服务"和"独特定位"策略。王磊探讨了第三方支付平台支付安全性和消费者意愿间的关联，提出要从规则完善、反垄断及创新监管等方面加快完善平台支付治理[33]。

3. 售后因素 基于消费者偏好需求，郭忠亭等构建了消费者需求导向下的平台物流配送体系优化方案，通过实时数据实现动态物流配送管理[34]；郭晓姝等研究了解释驳斥管理反馈对消费者购物意愿的影响，并且探讨了不同消费者评论类别对解释驳斥管理反馈的调节作用[35]；颛孙丰勤和陈皎皎发现售后处理在电商直播对消费者意愿的影响中发挥着正向调节作用，特别是针对认为自我生活水平高于平均水平、退换率较低的消费群体更为显著[36]。这些研究在一定程度上完善了生鲜水产品网购意愿影响因素分析。

二、生鲜水产品市场消费者行为研究

针对生鲜水产品网购行为的研究，国内外学者从不同的切入点展开了论述。国外学者的研究重点是生鲜水产品消费者选择行为，而生鲜水产品平台发展模式、平台发展对策及消费者选择影响因素是国内学者的研究焦点。

国外学者在该方面的研究注重微观个体行为理论。Lin 等从感知价值视角构建了理论模型来解释消费者在生鲜水产品电商平台上持续购买意愿的影响因素，发现产品特征和平台特征（信息质量、系统质量和服务质量）对消费者感知的功利价值和享乐价值产生重大影响，感知价值在产品特征和平台特征对消费者持续购买意愿的影响中起着关键的中介作用[37]。Maity 和 Doss 调查了媒体丰富性对消费者决策和渠道选择的影响，并基于媒体丰富性理论、任务媒体拟合假设和认知成本展开调查[38]。Lu 等使用描述性分析、有序逻辑回归分析和 Apriori 算法来探索不同客户群体在不同时期生鲜网购购买频率及物流时间偏好的影响因素，发现在相同城市类型情况下正常期网购频率与新冠疫情时期的网购频率呈正相关[39]。新冠疫情导致的封锁及社交距离的保持扰乱了整个消费者行为（从问题识别到搜索，从信息搜集到购物，从交付到消费再到废物处理），消费者行为是高度可预测的，随着时间的推移，消费者会养成在线化消费手段[40]。Chokenukul 等研究发现与消费者相关的因素（如产品质量感知、家庭成员的影响、消费者态度和健康意识）以及外部因素（如产品价格的适宜性和电商购物的适宜性）直接影响了消费者的购买行为[41]。

国内学者注重宏观分析，从生鲜水产品的发展模式入手，去讨论网购决策背景和决策影响因素。昝梦莹等指出生鲜电商相比于传统线下运营面临着运营成本过高、品牌影响力塑造、与传统市场融合难度大及供应链恶性竞争等发展困境[42]。基于产品质量、物流运输、平台服务、产品价格及增值服务五个方面存在的发展问题，有学者提出生鲜平台发展需强化供应链管理、加快智慧物流建设、提高产品配送效率、完善平台管理体系及引导合理竞争[43]。刘墨林等针对生鲜电商供应链最优决策与协调机制进行了研究，基于保鲜努力与增值服务设计契约参数来实现供应链的完美协调及帕累托改进[44]。网购生鲜消费揭示了生鲜电商发展由高速增长向高质量发展转型的特征，未来需深化供给侧结构性改革，通过构建需求导向的生产体系以推动生鲜电商发展和网购水产品消费[45]。刘华楠和刘敏利用 Logistic 回归分析研究了消费者网购水产品的购买意向，得出收入和售后保障与网购行为显著正相关[46]。王可山等研究发现消费者个性差异会影响对网购商品的偏好，进而影响对商品的选择行为；好的网购环境及服务是促使消费者选择网购商品的主要因素；对网购安全的担忧、对传统购物方式的依赖以及网购维权难度大是抑制消费者选择网购商品的主要原因[47]。

从上述文献可以看出，消费者在实际网购行为的发生和决策方面占据着主导地位。在商品消费和服务监管中，消费者往往具有更强的积极性和主动性，能够纠正市场失灵[48-49]，反映为"消费者统治"现象[50]。消费者选择行为的发生极大地受消费者意愿的影响，其意愿由内在因素和外在因素决定，内在因素主要为消费者在选择前对所购商品或服务的自我理解和认知，外在因素包括环境因素、他人影响等，因此从消费者视角去探讨网购行为和决策有其合理性。同时，国内外学者在相关研究中较多关注消费者购买生鲜水产品时的影响因素，从整体视角分析消费者选择行为，而对于消费者个体行为分析及主体间行为影响、策略博弈方面的研究较少。在主体间行为博弈方面，王德正和郑凯思基于消费者反馈机制，对电商行业产品质量监管策略选择问题进行了研究，通过分析主体行为及动态策略选择的稳定性，发现增强维权意识并加大政府处罚力度可以促进实现高质量产品、真实评价、无检测、宽松监管的稳定策略[51]。杜志平等运用演化博弈方法分析电商平台、物流方和卖方之间的动态博弈，得出平台监管、物流努力运作、卖方积极参与的博弈均衡，并发现卖家参与对均衡的维持起到了重要的作用[52]。何琦等构建了包含数字内容平台方、提供方和消费方的三方演化博弈模型，研究发现数字内容创新机制是在平台方主导激励、内容提供方选择性创新以及消费方采纳创新的动态博弈中不断演进的，并且平台方对消费方创新采纳行为的补偿力度以及内容提供方收益分成的比例对数字内容创新具有重要影响[53]。

三、生鲜水产品市场消费者特征研究

生鲜水产品市场普遍存在着价格歧视现象[54]。而在平台经济时代，其价格歧视形式更是衍生出了数据"杀熟"等电商市场特有的损害消费者利益的行为[55]。现有文献在研究内容上更注重分析价格歧视行为与企业、消费者行为之间的影响关系。侯薇薇等认为数据以生产要素形式影响平台的定价决策，通过分析数据对不同规模企业的定价影响，得到中小企业倾向于定高价以提高利润，而大型企业着眼于实现完全价格歧视，其定价低于传统垄断定价[56]。赵传羽和丁预立发现当企业能够区分新老用户时，显现出稳定且显著的价格歧视倾向，对老用户定高价、新用户定低价；但随着高外部性消费者组间网络外部性的提高，竞争压力的不断增大使得其利润不断下降[57]。在消费者存在转移成本且短视情形下，当转移成本较高时至少有一家企业会选择价格歧视行为；反之，该策略不会出现在子博弈精炼纳什均衡路径上[58]。然而，传统市场的价格歧视和电商市场的数据"杀熟"仍存在着定义上的区别。价格歧视反映为企业针对不同消费者或市场部署不同的价格策略，以实现最大化利润，可分为一级价格歧视、二级价格歧视和三级价格歧视[59]。数据"杀熟"是企业依据消费者信息进行消费者划分，通常是基于消费者的历史数据，了解其购买习惯和购买能力而实现的。传统市场的价格歧视是对于同一种商品，针对不同的消费者进行差别定价，属于同"质"不同"价"；电商市场的数据"杀熟"既可依据数据信息实行差别定价，实现同"质"不同"价"，又可在同价位段提供质量不一的商品，反映为同"价"不同"质"。因此，数据"杀熟"是一种更

广义的价格歧视。在该交易背景下，处于信息劣势的消费者的交易行为很大程度上受其公平关切心理的影响[60]。同时，消费者在商品监管方面具有积极性和主动性，能够依靠其反馈机制纠正市场失灵[61]，但其反馈效力存在局限性和滞后性[62]。因此，消费者与政府的协同治理是规范平台行为的必由之路，基于协同视角的消费者反馈机制讨论对于建立多主体参与的生鲜水产品网购监管机制具有重要作用，能够弥补传统市场监管模式的不足，促进生鲜水产品网购行为。

■ 第三节　在不确定的竞争环境下生鲜水产品电商平台供应商优选研究

在不确定的竞争环境下进行供应商优选研究是供应链管理领域的重要课题之一，它涉及多个因素的考量，包括市场不确定性、竞争环境、供应链风险等。深入理解环境对供应商选择的影响以及不断发展的供应商优选方法与策略对于解决实际问题具有重要意义。本节将介绍这一领域的研究，为所述供应商优选研究提供学术支持。

一、不确定竞争环境的影响

在当今全球化、多变和竞争激烈的商业环境中，供应链管理面临着日益复杂的挑战。在不确定的竞争环境下，供应商优选变得尤为重要，因为供应商的选择直接影响到企业的运作和竞争力。不确定的竞争环境可能涉及消费者行为不确定性、市场不确定性、竞争强度、政治风险、技术变革等多种因素。研究表明，这些因素会显著影响供应商的可靠性、灵活性和成本效益。因此，在供应商优选过程中，需要充分考虑这些因素，并在不同情境下进行权衡。市场需求的波动性使得供应链在做出供应商选择时需要考虑更多的灵活性。例如，Lee 和 Billington 认为，在不确定性环境下，供应商选择应该考虑供应链的响应能力[63]。供应链中的风险包括原材料供应中断、质量问题等。Dubey 等指出，在不确定的竞争环境下，供应商优选需要考虑风险管理策略，以确保供应链的可靠性和稳定性[64]。在不确定的竞争环境下，供应商之间的竞争和合作关系对供应商的表现产生影响。Bensaou 研究了供应商之间的合作与竞争关系，认为供应商的合作能力可以提高整个供应链的绩效[65]。

二、生鲜水产品电商平台供应商优选研究视角

在不确定的竞争环境下，供应商优选需要结合多种方法和策略来进行综合分析。不同的研究方法可以为决策者提供不同的视角和信息，以便更好地权衡各种因素。截至 2024 年，现有的供应商优选方法和策略正在不断得到改进和创新。研究人员试图寻找更精确的方法，以应对不确定性和多目标性等挑战，其研究方向可归纳如下。

1. 不确定性建模与分析 不确定竞争环境供应链中存在着市场需求波动、原材料供应不稳定等不确定性因素。研究人员致力于开发数学模型和方法，以建模和分析这些不确定性对供应商优选的影响。Chopra 和 Meindl 提出了基于风险和不确定性的供应链设计模型，探讨了多目标优化方法在供应商优选中的应用，以平衡不同目标之间的权衡，为供应商选择提供了新的视角[66]。

2. 多目标决策与优化 在不确定的竞争环境下，供应链优化往往涉及多个决策目标，如成本、风险、可持续性等。研究人员在这一领域探索了多目标优化方法，以帮助决策者在不同目标之间做出权衡。付秋芳和赵淑雄构建了多目标二层规划方法，提出了基于多目标进化算法的供应商选择模型，以解决供应商优选中的多目标问题[67]。

3. 风险管理与韧性策略 供应链风险是不可忽视的因素。研究人员常常通过研究如何通过韧性策略来应对不确定性和风险，从而确保供应链的稳定性和灵活性。吴军等对供应链风险管理定量分析工作进行了评述，为在不确定的竞争环境中进行供应商优选提供了有益的思路[68]。

4. 博弈理论与合作策略 在不确定的竞争环境下供应商之间存在合作与竞争。博弈理论被应用于分析供应商之间的合作决策，从而推导出均衡策略。高举红等从博弈的角度分析了供应商合作策略对供应链性能的影响，探讨了不同决策模式下闭环供应链决策对供应链绩效的提升作用[69]。

5. 大数据与智能算法 大数据技术和人工智能在供应链管理中的应用日益广泛。研究人员使用大数据分析消费者行为、市场趋势等，借助智能算法辅助供应商优选决策。Namdar 等探讨了大数据驱动的供应商优选方法，为在不确定的竞争环境下的决策提供了新的思路[70]。

这些研究方向为在不确定的竞争环境下供应商优选的研究提供了丰富的理论和方法支持，涵盖了环境对供应商选择的影响以及不断发展的供应商优选方法和策略。在这些研究基础上，本文考虑结合消费者行为分析和模糊理论为生

鲜水产品电商平台供应商优选提供更深入的分析和实证研究。

■ 第四节　文献述评

随着电子商务的迅速发展，生鲜水产品电商平台供应商的优选研究已成为经济学领域的一个重要议题。学术界针对供应商优选和消费者行为分析方面的研究取得了显著进展，不同学者从不同角度出发，应用各种方法来深入研究这一领域的问题。在不确定的竞争环境下，生鲜水产品电商平台供应商的优选问题涉及多个因素，包括消费者意愿、行为分析及综合评价等。本节将对相关领域的文献进行述评，探讨前人的研究成果、方法应用和发现，为本文提供理论和实证支持。

一、以往研究的主要结论

1. 生鲜水产品电商平台供应商选择关键因素　以往研究强调了消费者意愿、产品特征、平台特征和售后因素等对生鲜水产品电商平台供应商选择的重要性。这些因素直接影响了消费者的购买决策和购物体验。

2. 消费者行为分析　以往研究分析了生鲜水产品消费者的购买行为，包括购买频率、购物时间偏好、影响因素等。本文揭示了消费者的选择行为对电商平台的成功运营有着重要影响。

3. 在不确定的竞争环境下的供应商优选　研究者认为在不确定的竞争环境下，供应商的选择需要考虑市场不确定性、竞争环境、风险等因素。这些因素对供应链管理和供应商选择产生直接影响，需要综合分析和权衡。

二、以往研究的不足

1. 缺乏基于竞争情报分析视角的研究　现有研究在生鲜水产品电商供应商选择领域存在明显不足，主要表现为缺乏基于竞争情报分析视角的深入探讨。当前，研究多集中于供应链管理和质量控制，忽视了市场竞争环境的动态性和复杂性对供应商选择决策的影响。与此同时，关于如何利用竞争情报应对市场不确定性和进行风险管理的研究较为匮乏，多学科交叉方法在该领域的应用也尚不充分，导致研究成果在实践中的应用性和指导性有所欠缺。对企业而言，加强竞争情报工作已经成为一项战略任务。受人力、财力等现实条件所限，我国大多数生鲜水产品电商没有自己的竞争情报收集部门，对经营过程中的数据信息没有进行深入分析，企业竞争情报体系建设仍处于初级阶段。生鲜水产品电商加强自身竞争情报工作势在必行。通过梳理文献，发现鲜有学者基于竞争情报与生鲜水产品电商供应商优选融合进行研究分析。

2. 缺乏对消费者行为的个体层面研究　尽管以往研究着重分析了消费者的购买行为，但对消费者个体层面的分析和主体间行为影响研究相对较少。这一领域需要更深入地研究。

3. 缺乏关于消费者反馈机制的深入分析　尽管消费者具有积极性和主动性，但以往研究中对消费者反馈机制的局限性和滞后性没有充分深入讨论。研究者需要更深刻地了解消费者反馈机制如何影响市场监管和平台运营。

4. 不足的供应商优选方法和策略应对不确定性　尽管已经提出了多种供应商优选方法和策略，但需要更多关于在不确定的竞争环境下的供应商优选策略，特别是涉及大数据和智能算法的研究。

三、本文切入点

本文从探究竞争情报分析视角，基于消费者个体层面的深入研究，将消费者反馈机制嵌入平台供应商优选过程，深化了生鲜水产品电商平台供应商优选和消费者信息的关联性，并提供了更多解决在不确定性环境下的实际问题的方法和策略。

首先，进行了消费者意愿分析。在消费者意愿影响因素分析中，ERPs 方法可以通过监测消费者大脑对不同刺激的反应，揭示出隐藏的情感和认知偏好。一些研究表明，不同的产品属性、价格水平和品牌形象会在消费者大脑中引起不同的反应，从而影响其购买意愿和决策。然而，ERPs 方法在消费者研究中也存在一些挑战。实验设计和数据处理需要严谨，以确保结果的可靠性和有效性。此外，个体差异和环境因素也可能影响大脑反应，需要进行适当的控制和分析。尽管如此，ERPs 方法作为一种非常有潜力的工具，可以为消费者意愿分析提供深入的洞察。

其次，考虑到了消费者行为分析。演化博弈方法是研究策略性决策的重要工具，已在供应链管理和市场竞争等领域得到广泛运用。在消费者行为分析中，演化博弈方法可以用于模拟不同消费者群体之间的策略互动，探讨在不同环境条件下的最优行为。依据博弈论方法来揭示生鲜水产品网购行为的消费者选择问题，探究各方主体间的策略选择及收益分析，可以为生鲜水产品电商市场发展提供理论依据。然而，演化博弈方法在应用时需要考虑多方面的因素。

一是策略的建模和参数设定需要充分的理论基础和实证数据支持；二是模型的简化和假设可能会对结果产生影响，需要进行敏感性分析和稳健性检验。尽管演化博弈方法具有较高的理论复杂性，但它可以为消费者行为分析提供深刻的洞察，揭示生鲜水产品网购行为的消费者选择问题，系统地分析主体策略选择的稳定性、参数阈值设定的均衡性以及各参数对主体演化的影响关系，有助于揭示不同策略之间的互动关系。

最后，创新性地提出了一种在不确定的竞争环境下的多属性群决策方法。单值中智语言对数加权距离度量方法是处理多指标决策问题的有效工具，已在供应链管理和决策支持系统中得到广泛应用。在供应商优选中，不同供应商往往涉及多个指标，如成本、质量、可靠性等。单值中智方法可以将模糊和不确定性信息转化为数值，从而便于进行综合评价。然而，单值中智方法在应用时需要考虑权重的确定和模糊信息的传递问题。权重的确定可能涉及主观因素，需要进行敏感性分析。此外，模糊信息的传递和转化也需要进行合理的处理，以避免信息失真。尽管如此，单值中智方法为供应商优选提供了一种有效的工具，可以帮助企业在不确定的竞争环境下做出更准确的决策。

本文考虑在不确定的竞争环境下，结合 ERPs 方法、演化博弈方法和单值中智语言对数加权距离度量方法，从神经层面、行为层面和评价层面揭示消费者意愿和行为，探讨在不确定的竞争环境下生鲜水产品电商平台供应商的优选问题。采用 ERPs 方法进行消费者意愿分析，运用演化博弈方法进行消费者行为分析，结合消费者意愿与行为的分析结果，在不确定的竞争环境下利用单值中智语言对数加权距离度量方法为电商平台提供科学有效的供应商选择策略。这些方法在其他领域已有成功的应用，但缺乏在供应商优选领域的应用。本文尝试弥补供应商优选分析的已有研究缺陷，以期为供应链管理和电商平台的决策提供更有效的方法和策略。同时，生鲜水产品电商平台作为电子商务领域的一个重要分支，也是生鲜水产品供应链的创新模式。该文有望为电商平台和生鲜水产品供应链的持续发展提供有力的支持。通过提供更精确的供应商选择策略，促进电商平台的服务品质，提高消费者满意度，并且将理论与实践相结合，为理论的进一步发展提供实际案例支持。

生鲜水产品电商平台作为连接生产者与消费者的桥梁，其供应商的选择直接关系到产品的品质、价格以及供应链的稳定性。在竞争激烈的市场环境中，电商平台需要借助竞争情报的力量，全面了解市场动态、竞争对手策略以及供应商实力，从而制定出科学合理的供应商优选策略。

第三章
研究机理及研究方法选择

■ 第一节　研究整体目标

1. 明确研究目标与范围　电商平台需要明确供应商优选的研究目标与范围。研究目标包括提升产品品质、降低采购成本、增强供应链稳定性等；研究范围则应涵盖所有潜在的供应商，包括直接供应商、间接供应商及潜在的新供应商。

2. 构建竞争情报收集体系　为了获取全面、准确的竞争情报，电商平台需要构建完善的情报收集体系。这包括确定情报收集渠道（如行业报告、市场调研、竞争对手网站、社交媒体等）、制定情报收集计划、建立情报数据库以及确保情报的时效性和准确性。

3. 供应商初步筛选　在收集到足够的竞争情报后，电商平台根据预设的筛选标准对供应商进行初步筛选。筛选标准包括供应商的资质认证、生产能力、产品质量、价格水平、服务水平及历史业绩等方面。通过初步筛选，电商平台可以缩小供应商范围，为后续深入评估奠定基础。

4. 供应商深入评估　对于通过初步筛选的供应商，电商平台需要进行深入评估。评估内容可以包括以下几个方面。

（1）资质认证。检查供应商是否具备相关的资质认证，如食品安全管理体系认证、ISO 9001 国际质量管理体系认证等。

（2）生产能力。评估供应商的生产规模、技术实力及设备水平，确保其能够满足电商平台的采购需求。

（3）产品质量。通过样品检测、客户反馈等方式评估供应商的产品质量，确保其符合电商平台的标准。

（4）价格水平。比较不同供应商之间的价格优劣，并权衡成本与质量等多个因素，选择合适的供应商。

（5）服务水平。评估供应商的交货期、售后服务以及应对突发事件的能力，确保其能够提供稳定可靠的供应链支持。

5. 制定供应商优选策略　在深入评估的基础上，电商平台可以制定出科学合理的供应商优选策略。策略内容可以包括以下几个方面。

（1）多元化供应商策略。为了降低供应链风险，电商平台可以选择多个优质供应商进行合作，形成多元化的供应商体系。

（2）长期合作策略。对于表现优异的供应商，电商平台可以与其建立长期稳定的合作关系，共同应对市场变化和挑战。

（3）动态调整策略。根据市场变化、竞争对手策略以及供应商表现等因素，电商平台可以动态调整供应商优选策略，确保供应链的灵活性和竞争力。

6. 实施与监控　在制定出供应商优选策略后，电商平台需要积极实施并加强监控。实施过程中要注意与供应商的沟通与协调，确保双方的合作顺畅进行。同时，电商平台还需要建立监控机制，定期对供应商的表现进行评估和反馈，以便及时调整策略并优化供应商体系。

从竞争情报的视角出发，生鲜水产品电商平台供应商优选的研究思路涵盖了明确研究目标与范围、构建竞争情报收集体系、供应商初步筛选、深入评估、制定优选策略以及实施与监控等多个环节。通过这些环节的实施，电商平台可以全面了解市场动态和供应商实力，制定出科学合理的供应商优选策略，从而提升产品品质、降低采购成本并增强供应链稳定性。

■ 第二节　研究基本思路

在生鲜水产品电商行业蓬勃发展的今天，供应商的选择不仅关乎产品质量与供应链稳定性，更是企业在激烈市场竞争中脱颖而出的关键。本文将从竞争环境、竞争对手和竞争策略三个维度，深入阐述生鲜水产品供应商选择的问题，以期为相关企业提供全面而深入的指导。

1. 竞争环境　竞争环境指企业所处环境对企业发展的影响。美国战略管理学家、哈佛商学院教授迈克尔·波特（Michael Porter）在其著作《竞争优势》中指出，竞争环境指企业所面临的外界环境因素，包括两方面内容：一是企业外部环境中存在着的所有可能对企业竞争地位产生影响的因素，二是企业外部环境中对企业有重大影响作用、在企业内部难以控制且必须加以利用的因素。波特认为竞争环境指一个组织外部对组织生存发展造成威胁的各种力量，并且一个组织所处的竞争环境决定了组织自身的战略重点及战略选择。在分析公司外部竞争环境时，波特将组织外部环境总结归纳为三个方面：市场机会、市场威胁和替代产品。市场机会指组织存在的外部环境，它给组织带来机会和利润；市场威胁指组织外部环境中存在的某种威胁，它限制了组织的竞争能力；替代产品指与公司现有产品相类似的其他产品，替代产品可以为公司提供新的市场空间和利润，也可以改变公司的竞争地位。

在生鲜水产品电商行业的竞争环境对比其他行业而言具备一定的特殊性。一是高度竞争，生鲜水产品电商市场参与者众多，既有传统零售商转型而来的电商平台，也有新兴的垂直电商企业，市场竞争异常激烈。二是供应链复杂，生鲜水产品供应链涉及养殖、捕捞、加工、仓储、物流等多个环节，任何一个环节的失误都可能影响产品质量和供应链稳定性。三是技术驱动，冷链物流技术、大数据、人工智能等先进技术的应用，正在改变生鲜水产品电商行业的竞争格局，提高运营效率和服务质量。

2. 竞争对手 20 世纪 80 年代之前，"竞争对手"是一个被广泛使用的术语。其定义可以从两个角度来看：一是从狭义角度，即从竞争者的角度来定义；二是从广义角度，即从企业的角度来定义。之后，竞争对手作为一个名词在经济活动中出现，它的概念也逐渐从狭义向广义过渡。美国通用电气公司的总经理杰克·韦尔奇（Jack Welch）在 1991 年提出，竞争对手是与你竞争，能够给你造成威胁并迫使你做出改变的企业、个人或其他组织。随着战略管理学的不断发展，美国学者将竞争对手定义为"那些与企业处于同一竞争环境中，构成企业竞争环境中实体或组织部分的个体及群体"。根据上述定义，本文的竞争对手确定为消费者、平台和政府之间的互动与策略选择。

3. 竞争策略 竞争策略是基于竞争环境和竞争对手的需要而产生的，是公司在经营过程中为达到特定战略目标，通过对竞争环境进行分析、对资源和能力进行合理配置，形成明确、集中、稳定和持久的经营方案，从而帮助企业持续保持核心能力并获得超额利润的手段。竞争策略是为了达成公司特定战略目标而制定的行动方案，其核心是一系列相对稳定且持久的经营行为。生鲜水产品电商平台供应商的优选是一个复杂的任务，需要在不确定性环境中进行决策，并考虑到消费者的意愿和行为。通过综合考虑多个因素，电商平台可以更好地满足市场需求，提供高质量和多样化的产品，从而取得竞争优势。

综上所述，生鲜水产品供应商的选择是一个复杂而重要的过程，它受到竞争环境、竞争对手和竞争策略等多方面因素的影响。在竞争激烈的生鲜水产品电商市场中，企业需要深入分析市场环境、识别竞争对手并制定合适的竞争策略；同时，遵循质量优先、成本效益、供应链稳定性和创新能力等原则进行供应商选择；并且建立完善的供应商绩效监控机制以确保供应链的连续性和稳定性。未来随着技术的不断进步和市场的不断变化，生鲜水产品电商企业需要不断创新和优化供应商选择策略以适应新的挑战和机遇。

下述各章安排如下：第五章将采用 ERPs 方法用于消费者意愿影响因素分析；第六章将采用演化博弈方法用于消费者行为分析；第七章将充分考虑到第五、六章提供的基于消费者意愿和消费者行为的消费者不确定性信息，以竞争情报分析为视角，充分考虑消费者统治思想，在平台供应商优选问题中纳入消费者信息因素，在不确定的竞争环境下采用单值中智语言对数加权距离度量方法对生鲜水产品电商平台供应商优选分析。ERPs 方法、演化博弈方法以及单值中智语言对数加权距离度量方法在不同章的应用之间存在密切的联系，以提供一个完整的框架来解决在不确定的竞争环境下的生鲜水产品电商平台供应商优选问题。本节将对这三章之间的联系进行分析，并提供详细的关联论述。

1. ERPs 方法在消费者意愿分析中的应用　ERPs 方法可用于深入了解消费者对不同类型水产品图片的行为意愿，同时揭示了消费者在认知和情感层面的反应。第五章主要关注了消费者的感知和情感过程，特别是在面对不同产品图片时的神经机制。在第五章中将利用 ERPs 技术进行消费者对不同类型的水产品图片的认知和情感加工的深入分析，ERPs 技术提供了一种观察消费者大脑活动的工具，从而揭示了他们对不同图片类型的购买意愿。相比于经济类型的偏好分析方法，ERPs 方法能够提供神经层面的证据，这种证据帮助研究者深刻地理解了消费者在选择产品时是如何感知、评估和情感化的。消费者的情感和认知过程在选择过程中起到关键作用，这与后续章节的演化博弈方法和供应商优选过程有密切联系，为后续供应商优选分析提供来自消费者意愿层面的证据。ERPs 的主要优势在于它提供了客观的生理证据，揭示了消费者的认知和情感反应。这一部分帮助了解消费者的感知和情感如何影响他们的购买意向，以及这些偏好如何在电商平台上对供应商选择产生影响。

2. 演化博弈方法在消费者行为分析中的应用　演化博弈方法引入了博弈理论的视角，分析消费者在生鲜水产品电商平台上的行为策略演化。这一部分关注了消费者、平台和政府之间的互动与策略选择。第六章强调了市场竞争的动态性和消费者策略的演化。在这个过程中，消费者的购买决策是一个关键变量，因为它直接涉及他们如何响应市场竞争和改变购买策略。该章帮助理解了市场中各方主体之间的交互作用，包括消费者在竞争市场中的演化行为。演化博弈模型提供了一种框架，以探讨消费者在不断变化的市场竞争环境中如何适应和改变策略。同时，突出了政府在规范市场行为和保护消费者权益方面的重要性，有助于理解市场竞争的演化和消费者行为策略的变化。第六章为后续供应商优选分析提供来自消费者行为层面的证据。

3. 单值中智语言对数加权距离度量方法在平台供应商优选分析中的应用
第七章将单值中智语言对数加权距离度量方法引入了多属性群决策的新框架，以应对生鲜水产品供应商优选这一不确定性问题。这一方法基于多属性群决策，考虑多种不确定性因素，以支持供应商的选择过程。这一部分的关键是如何综合考虑多个属性和消费者的评估，以确定最佳供应商。这是一个决策过程，其中 ERPs 方法和演化博弈方法提供的消费者意愿和行为分析的信息直接影响了供应商的评估。消费者的意愿和行为模式将被整合到单值中智语言对数加权距离度量方法中，以确定最终的供应商选择。该方法通过多个属性分析对供应商进行评估和排名，考虑到了不同属性之间的权重和不确定性。第七章帮助解决了供应商优选问题，确保选择最适合的供应商，以满足消费者需求。

4. 基本思路　本文的主要部分从竞争情报分析的角度出发，围绕生鲜水产品电商平台的供应商选择问题，构建了一个系统的解决方案，涉及竞争环境、竞争对手以及竞争策略三个方面，具体体现在第五、六、七章中。首先，第五章运用 ERPs 方法分析了消费者对产品的认知与情感反应，揭示了生鲜水产品电商平台在竞争中的重要情报信息；其次，第六章通过演化博弈理论探讨了消费者在市场竞争中的策略选择及其演变过程，提供了关于消费者之间竞争行为的关键情报；最后，第七章结合前两章所得的竞争情报，提出了一种基于单值中智语言对数加权距离度量的多属性群决策方法，将消费者的竞争环境、竞争对手与供应商优选问题紧密结合，为在复杂竞争环境中选择最佳供应商提供了科学依据。因此，三章内容相互补充，形成了一个完整的框架，有效指导了生鲜水产品电商平台供应商选择问题的解决，从而确保在多重竞争因素的综合考量下做出最佳决策。三章内容之间的联系如图 3-1 所示。

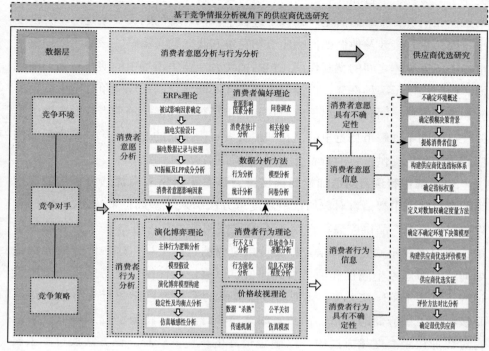

图 3-1　基于竞争情报分析视角下的供应商优选研究框架图

■ 第三节　研究机理分析

一、竞争情报视角分析

根据美国竞争情报专业人员协会（Society of Competitive Intelligence Professionals，SCIP）对竞争情报的定义，认为它能够全面地监测竞争对手和竞争环境，并对竞争对手的有关信息进行收集、比对、筛选、提炼，为管理层提供科学的信息决策导向。在应对未来电商平台日益复杂和不确定的竞争格局时，本文从竞争情报的独特视角展开了探索。通过从生鲜水产品电商的竞争环境、竞争对手和竞争策略三个关键维度入手，结合行为实验、神经科学、博弈理论及多属性群决策等跨学科方法，研究了在竞争高度不确定的情境下，如何选择最优的供应商。该研究的创新之处在于，通过综合多种学科的交叉方法，试图为生鲜水产品电商平台在复杂竞争环境中的供应商选择提供新的思路和解决方案。

二、消费者意愿机理分析

与传统电商相比，生鲜电商目前处于上升趋势，仅有少数研究关注该新兴领域。截至 2024 年，研究内容主要聚焦于消费者的安全意识[71]、食品质量[72]、消费安全问题[73]、物流系统的可靠性[74]、消费者对有机生鲜产品的支付意愿[75]。关于生鲜电子商务的研究主要如下。Fabinyi 等调查了北京和上海 300 名水产品消费者的消费模式及其对可持续发展的态度[76]。Hu 等关注消费者对于水产品消费偏好[77]。此外，Zhang 提出了一个改进的 BP 神经网络来预测水产品出口量[78]。

消费者偏好理论是经济学和市场营销领域的一个重要理论框架，用于解释和预测消费者在购买决策中的选择。消费者意愿指个体对不同产品、服务或特征的喜好程度，以及他们在面临多个选择时如何做出决策。这一理论试图解释消费者选择的背后原因，从而帮助企业和市场营销人员更好地满足消费者需求。消费者意愿是购买决策的关键因素之一。根据消费者偏好理论，消费者在做出购买决策时会考虑他们对不同产品或服务特征的喜好。第五章将使用 ERPs 方法来探究消费者在对不同生鲜水产品的偏好方面的神经反应。通过分析消费者的大脑活动，研究消费者对不同产品特征的神经反应，从而揭示出消费者对不同商品特征的认知和情感反应。消费者偏好理论将为第四章的研究提供深入的理论基础，帮助解析消费者购买意愿和行为的驱动因素，以及如何在不确定竞争环境下优选供应商。

近年来，得益于非侵入性神经科学技术得到了快速发展，使得打开消费者行为背后的"黑箱"成为可能，并且可以更好地理解消费者行为。其中，事件相关电位（event-related potentials，ERPs）作为一种基本的神经科学方法，以其高时间分辨率的优势，被广泛用于测量人类的认知和情绪过程。不同于消费者自我报告的研究方法（如问卷、访谈），认知神经科学方法已被证实能够获得消费者客观生理证据以刻画认知情感过程[79]。因此，本文拟采用 ERPs 技术研究消费者在评估线上水产品图片以及做出购买决策时的认知和情感过程。

在认知神经科学技术的发展引领下，神经营销学相关研究不断蓬勃展开。其中，N2 和 LPP（晚期正电位）是两个广泛被检验于营销场景的 ERPs 成分[80-82]。N2 是一个典型的 ERPs 成分，其一般在 250～350 毫秒达到峰值，大脑分布区域为中央前额[83]。对 N2 成分的研究比较经典的实验范式是 Go/No-go 范式，一般认为 N2 与认知检测/控制有关[83]。例如，Eimer 发现在 Go/No-go 范式中，No-go 刺激比 Go 刺激能诱发更大的 N2 振幅[84]。而在消费者神经科学领域中，同样也发现并解释了 N2 成分反映认知控制[85-86]。Shang 等探究了消费者面对有无社会风险产品时的不同大脑活动，发现社会风险条件引起的 N2 振幅比无社会风险条件大。该研究认为消费者的冲突控制是由对购买产品的内在期望和来自社会互动中不和谐信息之间的冲突所引起的，并反映在前额较大的 N2 振幅上[87]。另外，潜伏期也是评估消费者认知活动的关键指标。N2 成分的潜伏期被认为是评估刺激时间的有效指标[88-89]，更大的冲突会诱发更长的潜伏期。

三、消费者行为机理分析

第六章将依据博弈论方法来揭示生鲜水产品网购行为的消费者选择问题，探究各方主体间的策略选择及收益分析，以期为生鲜水产品电商市场发展提供理论依据。同时，考虑到具有主观能动性和适应性的消费者和电商平台等主体所拥有的较强的学习能力，可以在交易过程中记忆、学习相关主体的策略选择，相应地改变其自身策略，第六章引入演化博弈理论来分析其长期稳定态势。基于演化博弈方法的消费者生鲜水产品网购行为及决策研究能够更全面、深入地理解消费者和市场之间的相互作用，有助于揭示决策背后的复杂性和动态性，为商家和政策制定者提供有价值的洞察和指导。

消费者行为理论旨在理解和解释消费者在购买决策中的行为模式、动机和因素。这一理论涉及消费者在市场环境中做出的选择、购买、使用和评估产品或服务的过程，以及这些行为的背后驱动因素。消费者行为理论的关键要点在于以下几点。一是决策过程。消费者购买决策通常经历一系列阶段，包括问题识别、信息搜索、评估不同选择、购买决策和后购买评估。消费者行为理论分析这些阶段，帮助理解消费者如何进行决策并在不同阶段受到哪些因素的影响。二是需求和欲望。消费者需求指满足基本生活需求的商品和服务，而欲望则是消费者根据社会和个人因素的影响，对特定商品或服务的追求。消费者行为理论研究消费者如何在需求和欲望之间权衡，以及他们如何选择满足这些需求和欲望的方式。三是认知和情感因素。消费者决策受到认知因素和情感因素的双重影响。认知因素涉及信息处理、知识和决策制定的理性方面，而情感因素涉及消费者对产品的情感体验、品牌认同和情感反应。四是外部影响因素。消费者行为受到周围环境的影响，包括家庭、朋友、文化、社会和媒体等。这些因素可以影响消费者的偏好、态度和购买决策。五是风险和不确定性。消费者在购买决策中通常面临风险和不确定性，消费者行为理论分析消费者如何评估不同选择的风险，以及他们如何应对不确定性的情况。本文引入演化博弈方法进行消费者行为分析，有助于深入分析消费者在不确定的竞争环境下的行为，特别是在电商平台上的选择和互动，可以探究消费者之间的竞争、合作和策略调整，以及这些行为如何随着时间演化和环境变化而变化。综上所述，消费者行为理论将帮助理解消费者在不确定的竞争环境下的选择和决策模式，以及这些行为的背后因素。将消费者行为理论与供应商优选研究相结合，有助于更全面地分析生鲜水产品电商平台供应商的优选过程。

第六章将从消费者视角构建包含平台、政府和消费者的三方演化博弈模型，通过博弈论分析三者间的战略互动和策略选择。生鲜水产品网购行为可以视为一种博弈，因为在网购生鲜水产品的过程中，平台、政府和卖家之间的策略选择存在一定程度的冲突和博弈。因此，将博弈论应用到生鲜水产品网购行为研究中，可以分析平台、消费者和政府之间的利益关系，从而优化网购行为和交易结果。基于第二章所述生鲜水产品市场消费者特征分析可知，消费者与政府的协同治理是规范平台行为的必由之路，基于协同视角的消费者反馈机制讨论对于建立多主体参与的生鲜水产品网购监管机制具有重要作用，能够弥补传统市场监管模式的不足，促进生鲜水产品网购行为。

第六章节主要工作：一是考虑了生鲜水产品电商平台道德风险行为，以建立影响消费者生鲜水产品网购选择、政府严格监管选择和平台定价决策的演化博弈模型；二是量化不同程度的政府惩罚力度、消费者公平关切水平及平台信息传递机制对博弈系统演化稳定策略的影响，系统分析消费者、平台和政府三方策略选择的稳定性、参数阈值设定的均衡性以及各参数对主体演化的影响关系；三是建立规避生鲜水产品电商平台道德风险行为的消费者—政府协同监管机制，探讨协同监管机制对三方主体行为的约束作用；四是探讨各类不定参数的影响，包括参数值的取值大小及参数取值变化对消费者、平台和政府的演化稳定策略组合的影响；五是考虑了本章所提模型的现实性和可拓性，同时拓展了现有消费者行为分析常用的双方博弈模型，引入政府监管采用三方演化模型使得行为分析更全面。

四、供应链优选机理分析

在现代生鲜水产品市场，如何选择合适的供应商已经成为一个愈加复杂且关键的问题。这一难题源自多个因素的交织，其中最主要的包括供应链的不稳定性、对产品质量和安全性的严格要求、激烈的市场竞争以及消费者需求的多样性和变化。第一，供应链的波动性是一个不可忽视的因素。生鲜水产品受季节、气候变化、自然灾害等多方面因素的影响，导致供应链的可预测性较差，因此，选择供应商时必须考虑其应对这些不确定性事件的能力。第二，生鲜水产品对质量和安全的高要求，使得供应商必须能够严格遵循相关标准和规范。由于这一类产品直接涉及消费者的健康，因此，供应商在满足质量要求方面的挑战也加剧了电商平台的供应商选择难度。第三，市场竞争的压力同样不容小觑。生鲜水产品市场中，供应商种类繁多，平台在选择时不仅要考虑价格和质量，还需要评估供应商的供货稳定性以及响应市场需求的能力。第四，消费者需求的多样性和变化趋势也进一步增加了供应商选择的复杂性。如今的消费者对生鲜水产品的需求不仅仅局限于单一的品类，还涉及对产品的新鲜度、种类、规格等多重要求，这种需求的差异化加剧了供应商选择的难度。在这种高度竞争、快速变化的市场环境下，电商平台在供应商选择时面临着前所未有的挑战，需要全面评估各种不确定性因素及其对市场和消费者的影响。

因此，从消费者的角度深入分析生鲜水产品供应商的选择问题显得尤为重要。消费者的需求、偏好及购买行为对市场的需求格局和销售业绩有着直接的影响。了解消费者的具体需求、期望以及消费习惯，能够帮助平台更精准地选择符合市场要求的供应商。与消费者需求高度契合的供应商不仅能有效提高销售额，还能增强顾客满意度，为平台建立长期稳定的客户基础。更重要的是，选择符合消费者需求的供应商有助于减少库存积压和产品滞销的风险，因为消费者更容易接受符合其口味和标准的产品，从而加速库存周转。此外，供应商选择的准确性还能显著提升电商平台的市场竞争力，吸引更多潜在客户。因此，电商平台必须在供应商选择过程中，充分考虑消费者的多元需求和偏好，以便通过精准匹配实现商业的长期成功与可持续发展。

五、模糊集理论分析

模糊集理论是一种用于处理不确定性和模糊信息的数学工具，广泛应用于决策分析、人工智能、控制系统等领域。本文运用单值中智语言对数加权距离度量方法与模糊集理论相关联，用于生鲜水产品电商平台供应商的优选分析。模糊集理论的基本概念和关键要点包括以下几点。一是模糊集合。传统的集合理论中，一个元素要么属于一个集合，要么不属于。而在模糊集合中，元素的隶属程度可以是连续的，介于 0 和 1 之间。每个元素都有一个隶属度函数，用于描述其与集合的模糊关系。二是隶属函数。隶属函数是一个描述元素隶属度的数学函数。对于一个模糊集合，每个元素都有一个相应的隶属函数，该函数定义了元素在模糊集合中的隶属程度。三是模糊运算。模糊集合理论引入了模糊运算，用于处理模糊信息。模糊交、模糊并、模糊补等运算可以用来操作模糊集合，从而进行模糊信息的处理和推理。四是模糊推理。模糊集合理论允许进行模糊推理，即基于模糊信息进行推断和决策。通过使用模糊推理方法，可以处理具有不确定性的问题，如决策和判断。五是模糊距离度量。模糊距离度量方法用于测量不同供应商方案之间的相似性或差异性，考虑到了模糊信息的特性，使得分析更贴近实际情况。本文将模糊集理论与距离度量方法相结合，可以更准确地衡量供应商方案之间的差异，并为优选分析提供更全面的考虑。这种方法在处理不确定竞争环境下的供应商选择问题时，能够更好地捕捉不确定性和模糊性，为决策提供更有价值的信息。

考虑到生鲜水产品供应商优选分析时存在的大量模糊性和不确定性因素，如消费者评估和供应商的综合评价，第七章将引入单值中智集（SVNLS）方法来适应该模糊决策环境，在单值中智语境下提出了一种利用单值中智组合加权对数平均距离（SVNLCWLAD）度量的新型多属性群决策模型。单值中智集是一种常用的模糊工具，用于描述在不确定的复杂情境中的偏差信息，特别适用于多属性群决策问题。通过引入 SVNLS 方法，可以更好地处理这些不确定性因素，将消费者的模糊偏好和评价转化为数学模型，以支持决策过程的科学性和客观性。因此，引入 SVNLS 方法对于解决生鲜水产品供应商优选问题具有重要的帮助作用。第七章以消费者为中心，从消费者视角探讨生鲜水产品网购行为及决策，采用综合方法探究各类影响因素如何影响平台供应商优选决策，并考虑引入单值中智语言对数加权距离度量方法用于综合考虑多指标，辅助决策者在复杂情境下进行供应商优选。

■ 第四节　研究方法选择

本文涉及在不确定的竞争环境下生鲜水产品电商平台供应商的优选研究，主要关注消费者意愿和行为。本文目标是综合分析，为此选择定性和定量方法来提供更全面的视角，以支持在不确定的竞争环境下的供应商优选研究，确保研究方法选择合理且有力地支持研究目标。

一、定性和定量方法

选择适合的定性和定量研究方法是确保能够深入理解消费者意愿与行为的关键步骤，其流程如下。一是问题定义与研究目标。确定研究目标，即分析消费者意愿、行为影响因素，并依据消费者信息进行供应商优选，明确希望深入了解哪些方面，以及为什么定性及定量方法是有益的。二是文献综述。在选择定性及定量方法之前，进行广泛的文献综述，了解已有研究在类似问题上使用的定性方法及定量方法，了解不同方法的优缺点，以及哪些方法更适合研究问题。三是方法候选筛选。基于文献综述，列出可能适用于研究的定性及定量方法候选。这些方法可能包括访谈、焦点小组讨论、内容分析等。四是方法选择论证。解释其关联性，包括为什么选择了该研究方法。例如，定性方法可以帮助深入探索消费者偏好的复杂性和多样性，从而提供更丰富的数据；论证定性方法的优势在于可以捕捉消费者情感、态度和动机等细微差异，这些因素可能无法通过定量方法捕获；说明定性方法可以帮助进行探索性分析，揭示隐藏的模式和趋势，从而深入了解消费者偏好背后的因素。五是样本选择。根据研究目标和问题，选择代表性的样本。可以选择具有多样性的消费者特征，以确保研究结果具有广泛的适用性。六是数据采集。根据选择的定性及定量方法，设计问卷、访谈指南、讨论议程等。确保数据采集工具能够针对消费者偏好影响因素进行深入探究。七是数据分析。进行数据收集后，使用适当的定性及定量数据分析方法来提取关键主题、模式和趋势。这可能涉及内容分析、情感分析等。八是结果解释。解释从定性和定量数据分析中得出的结果，并将其与文献和理论框架联系起来，以提供深入的洞察。九是方法综合与论证。将定性方法的结果与其他方法（如定量方法）的结果进行综合，以支持论文结论。考虑到本文所述研究目标，可以选择使用问卷调查、访谈、焦点小组讨论或内容分析等定性方法。这些方法可以帮助深入了解消费者意愿和行为的背后动机和因素。

二、作用论证

定性数据论证作用可概括如下。一是深入理解消费者背后动机。定性方法能够帮助深入理解消费者的情感、态度、动机以及对生鲜水产品电商平台供应商的看法。通过访谈或焦点小组讨论，探索消费者购买决策的各个方面，了解背后的因素，从而更好地理解消费者偏好。二是探索性分析。定性方法适合进行探索性分析，特别是在不确定的竞争环境下，通过内容分析消费者的言语和观点，从中提取关键主题、模式和趋势，这有助于揭示隐藏的消费者偏好影响因素。三是丰富数据。定性方法可以提供丰富多样的数据，而不仅仅是量化的指标。这些数据能够捕捉到消费者的情感、情绪和情景，从而提供更全面的了解消费者意愿和行为。四是解释定量结果。定性方法可以帮助解释定量研究方法所得到的结果。通过定性研究，深入理解为什么某些因素对于消费者意愿和行为有重要影响，从而更好地解释定量分析结果。五是理论框架补充。定性方法为研究提供额外的理论支持。通过访谈和焦点小组讨论，收集到消费者的真实观点和经验，从而与已有的理论框架相互印证。六是研究可信度增强。定性方法可以增强研究的可信度，因为它们能够从多个角度深入了解消费者意愿和行为，从而减少了研究偏差的可能性。七是定性方法的广泛应用。在社会科学领域，定性方法已被广泛应用于探索复杂问题，可以从相关领域的成功案例中找到定性方法在类似问题上的应用，以进一步支持决策。

定量方法提供具体的数值分析和统计验证，以支持研究目标。定量数据论证作用概括如下。一是客观性和精确性。定量方法基于数值数据和统计分析，能够提供客观、精确的分析结果。这对研究不确定的竞争环境和涉及的多个变量非常有益，可以降低主观解释的风险。二是多变量关系分析。在本文中，涉及消费者偏好、供应商优选和电商平台的多个变量。定量方法可以帮助分析这些变量之间的关系、影响和相互作用，从而提供更全面的洞察。三是统计验证假设。定量方法允许构建假设并使用统计工具来验证这些假设。通过回归分析、方差分析等方法，验证消费者偏好和供应商特征对于选择行为的影响。四是量化效果测量。使用定量方法，量化不同因素的效果和影响。例如，分析不同偏好因素对消费者选择行为的贡献程度，以及不同供应商特征对于优选分析的重要性。五是比较分析。定量方法可以帮助进行比较分析，如比较不同消费者群体之间的偏好差异、比较不同供应商的优劣等。这有助于揭示潜在的趋势和模式。六是可重复性和科学性。定量研究方法的可重复性高，其他研究者可以复制方法并进行验证。这有助于增加研究的科学性和可信度。七是支持决策制定。在经济学领域，定量分析为决策制定者提供有力的依据。研究结果可以帮助决策者更好地了解消费者偏好、供应商选择和电商平台运营等方面的影响。

三、样本选择

对于定性和定量研究，需要选择具有代表性的样本，以确保研究结果具有一定的泛化性，通过多样性的消费者特征来选择参与者。合适的样本选择对于研究的可信度和推广性非常重要。样本选择在定性和定量方法中都扮演着关键角色。以下是样本选择过程，以确保研究样本代表性、多样性，并能够支持研究目标。一是明确研究对象。在本文中，关注对象是消费者、供应商和电商平台。根据研究问题，将样本划分为这三个类别。二是定义样本特征，需为每个类别定义样本的关键特征。例如，对于消费者，可以考虑年龄、性别、收入水平、购买频率等特征；对于供应商，可以考虑规模、产品种类、声誉等特征；对于电商平台，可以考虑平台规模、功能特点等。三是样本多样性。为了确保研究结果具有泛化性，需要选择多样性的样本。例如，选择不同年龄、性别和收入水平的消费者，选择不同规模和声誉的供应商，以及不同平台规模的电商平台。四是随机抽样。对于定量方法，随机抽样是保证样本的代表性的关键。可以使用随机抽样方法来从各个样本特征群体中抽取代表性样本。这有助于避免选择偏见和提高研究结果的可靠性。五是特定标准选择。对于定性方法，可能需要根据特定的标准选择样本。例如，选择在消费者行为分析中具有丰富经验的人进行访谈，或者选择知名度较高的供应商进行访谈。六是适当样本规模。根据研究设计和方法，确定适当的样本规模。在定性研究中，通常样本规模较小，但要确保能够获得丰富的信息。在定量研究中，样本规模较大，但也要确保样本规模能够支持统计分析。七是伦理考虑。在选择样本时，务必遵循研究伦理准则。确保样本选择过程不会侵犯参与者的权利，并获得必要的许可和同意。八是透明记录。记录样本选择过程的细节，包括样本特征、抽样方法、样本规模等，这样可以在文本中展示样本选择过程的合理性和透明性。

四、问卷调查

为实证探究消费者意愿影响因素对消费者生鲜水产品购买意愿的影响，本文在第四章引入问卷调查法考察消费者对网购水产品的偏好，用于收集个体或群体的观点、看法、态度、意见等主观信息。问卷调查法是一种常用的数据收集方法，它通过向受访者提供一系列问题，要求他们提供书面或口头的回答，以便研究者可以收集、分析和解释数据，从而获取关于特定主题的信息。问卷调查法广泛应用于社会科学、市场调研、心理学等领域，以帮助研究者了解人们的态度、行为和看法。考虑到实证结果的客观性和真实性，基于专家咨询，生鲜水产品需求者、网购经验者的多方意见进行了问卷设计，通过样本控制将年龄、受教育程度等可能影响结论的因素排除，多次修改及调整问卷，以保证问卷的质量。

问卷调查法的主要特点包括以下几点。一是标准化。问卷调查法使用标准化的问题和选项，以确保在不同受访者之间具有一致性和可比性。这有助于提高数据的可信度和可靠性。二是定量和定性。问卷可以包含定量问题（如多项选择题、评分题等），也可以包含定性问题（如开放性问题、意见建议等），从而允许研究者同时收集数量化和质性的数据。三是大规模数据收集。问卷调查法可以同时收集大量的数据，从而涵盖广泛的人群和样本。这有助于进行广泛的分析和推论。四是相对低成本。相比于其他数据收集方法，如实地调查或实验研究，问卷调查法通常成本较低。它不需要大量的人力资源和物质资源。五是匿名性。问卷调查可以保障受访者的匿名性和隐私，鼓励受访者更加坦诚地表达自己的意见和看法。

问卷调查法的步骤通常如下。①问题设计：设计具有明确、清晰和不带偏见的问题，确保问题与研究目标紧密相关。②样本选择：选择代表性的受访者样本，以确保调查结果的广泛适用性。③问卷编制：编制问卷，包括问题顺序、问题类型（开放性、封闭性等）和选项设计等。④数据收集：分发问卷给受访者，通过纸质问卷、在线调查平台等方式进行（本文依托问卷星进行数据收集）。⑤数据处理：收集到问卷后，进行数据整理、清洗和编码，以便后续的分析。⑥数据分析：使用统计分析方法对收集到的数据进行分析，以获取有关受访者群体的特点和态度。⑦解释和呈现：根据数据分析结果，解释发现并将结果呈现在研究报告中。

问卷调查法是一种广泛应用的数据收集方法，用于获取人们的看法、态度和意见，从而支持研究、决策和政策制定。在使用问卷调查法时，问题设计、样本选择和数据分析等步骤都需要慎重考虑，以确保收集到的数据具有可信度和有效性。

五、数据收集与处理

1. 数据收集 本文涉及多个研究方法，需要合理收集和处理数据以支持分析。

（1）ERPs 方法（消费者意愿影响因素分析）。①收集神经数据：可以使用脑电图（EEG）等方法来获取消费者在观看产品或做出选择时的神经活动数据，以获得消费者对不同产品的情感和认知反应。②实验设计：设计实验任务，如展示不同类型的生鲜水产品，并记录消费者对这些产品的神经反应。可以在实验中引入控制变量，以便分析不同因素对偏好的影响。

（2）演化博弈方法（消费者行为分析）。数据收集：需要收集消费者在不同情境下的行为数据，可能包括购买历史、购物车内容、点击率等，以了解他们在电商平台上的行为。同时，在仿真模拟阶段需依据现有相关数据信息进行部分参数设定，并参照该部分参数假设其余参数的初始值，对支付矩阵的参数初始值做出假设。

（3）单值中智语言对数加权距离度量方法（供应商优选分析）。收集指标数据：收集消费者对于各个供应商的指标评价数据，包括消费者意愿、行为信息以及供应商的产品质量、价格、服务等方面的评价。

2. 数据处理

（1）ERPs方法（消费者意愿影响因素分析）。①预处理神经数据：对于EEG数据，需要进行信号处理、滤波和降噪等预处理步骤，以获得干净的神经活动数据。②特征提取：从预处理的神经数据中提取与消费者偏好相关的特征，可能包括在特定时间窗口内的脑电波形变化。

（2）演化博弈方法（消费者行为分析）。数据清洗和整理：对收集到的消费者行为数据进行清洗，去除异常值和缺失数据，并将数据整理成易于分析的格式。

（3）单值中智语言对数加权距离度量方法（供应商优选分析）。数据转换：将消费者的评价数据转换为数值形式，以便进行距离度量。同时还将包含指标的标准化、规范化、归一化处理，去除指标量纲，并考虑到定性数据和定量数据的结合分析，将文本评价转换为数值评分。

在完成数据收集和处理之后，针对每个方法进行分析。对于ERPs方法，分析消费者在神经层面上对于不同产品的情感和认知反应。对于演化博弈方法，模拟消费者的决策行为并分析博弈模型的结果。对于单值中智语言对数加权距离度量方法，计算供应商优选评价指标之间的距离，评估不同供应商的优劣。最终，将不同方法的分析结果综合起来，从神经层面、行为层面和评价层面揭示消费者意愿和行为，以支持关于供应商优选的研究结论。

六、数据分析

数据分析是整个研究过程中的关键步骤之一，它有助于从收集的数据中提取有关消费者意愿、行为以及供应商优选的有用信息。以下是可能的数据分析过程，以确保能够有效地利用收集到的数据来支持研究目标。在定性和定量方法中，将收集到的数据进行逐句逐段的内容分析，识别出重要的主题和模式，以揭示消费者意愿和行为的深层因素。

数据分析流程如下。一是数据预处理。对于 ERPs 方法，如果使用 ERPs 方法分析消费者意愿影响因素，需要从神经数据中提取相关特征。这可能涉及信号处理、去除噪声等步骤；对于演化博弈方法，如果使用演化博弈方法分析消费者行为，需要整理和编码收集到的消费者决策数据，以便在模型中使用；对于单值中智语言对数加权距离度量方法，如果使用这种方法进行供应商优选分析，需要整理供应商特征和评价数据，以便计算距离度量。二是定性数据分析。针对访谈或焦点小组讨论，使用内容分析等方法来分析消费者的言语和观点。通过识别关键主题、模式和趋势，从定性数据中获得洞察和结论。三是定量数据分析。对于 ERPs 方法，从神经数据中提取相关特征，如在特定时间窗口内的神经活动变化，然后使用统计分析方法来比较不同条件下的 ERPs 特征；对于演化博弈方法，使用演化博弈模型，模拟不同消费者策略在不同环境中的演化，并分析博弈的稳定策略和均衡点；对于单值中智语言对数加权距离度量方法，计算供应商之间的距离度量，将评价数据转换为数值，并应用加权距离计算方法进行综合分析。四是统计分析。根据使用的不同分析方法，应用适当的统计分析工具。对于定量数据，使用描述性统计、回归分析、方差分析等方法，以验证假设并解释结果。五是结果解释。解释数据分析结果，将其与研究问题和目标联系起来。说明不同研究方法的结果，以及它们如何共同支持论文的主要结论。六是方法整合与结论。将定性和定量分析的结果整合，从不同维度展示消费者意愿、行为分析以及供应商优选的结果，形成最终的研究结论。

第四章
生鲜水产品电商模式与物流

■ 第一节　生鲜水产品电商特点及供应商

一、生鲜水产品电商行业特质

水产品是淡水和海洋渔业生产的水产动植物产品及加工产品的总称，按保存条件可分为干制品、冰冻水产品和鲜活水产品；按生物种类形态可分为鱼类、虾类、贝类、蟹类、藻类等类别。具有以下特征：储存时间短，易变质；价格时令性强，浮动大；产品具有季节性。生鲜产品较有代表性的是"生鲜三品"，即果蔬、肉类、水产品。相较于传统电商，生鲜电商由于其产品所特有的易变质、难储存等特性，在物流配送方面普遍难于传统电商，生鲜电商平台竞争也越来越激烈，促使生鲜电商行业不断更新和重组。根据网经社报告数据，我国生鲜电商 2022 年渗透率达 10.28%，仍处于较低水平。2020 年后诸多企业受困于融资问题纷纷退出市场，同时华南海鲜市场事件后，生鲜平台严格的监管制度使得行业准入受限，生鲜电商平台间的竞争逐渐演变为寡头竞争，电商平台的"马太效应"在生鲜电商行业再一次得到了验证。我国生鲜电商行业现状主要表现为以下几个方面。

1. 市场竞争激烈　随着市场规模的不断扩大，越来越多的实体企业考虑加入生鲜电商行业，市场竞争愈发激烈；同时，生鲜电商平台间的寡头竞争促使企业通过提升服务质量、优化供应链等方式提高市场占有率。

2. 用户偏好多样化　随着消费者消费水平的提高和生活方式的多元化，消费者对于生鲜产品的需求也逐渐多样化。消费者需求敦促生鲜电商企业加强产品研发，提供多样化产品服务。

3. 物流运营难度大　生鲜产品具有易腐性、易变质性等特性，要求生鲜电商平台进行快速配送和冷链运输，对企业物流运营能力及时性提出了巨大的考验。

二、生鲜水产品电商发展困境分析

目前，我国生鲜水产品电商发展困境主要表现在以下几个方面。

1. 信息不对称程度高　我国是水产品消费大国，但目前的生鲜水产品市场交易仍以传统的线下交易为主。相比于线上采购，线下交易可以直接观察水产品的新鲜程度，从而做出消费决策。而线上水产品交易受限于交易环境，容易出现信息优势方（供应方）利用信息优势做出损害信息劣势方（消费者）的行为，特别是在我国巨大的水产品交易量背景下，由信息不对称引发交易纠纷的概率极高。

2. 产品质量监管难度高、质检标准不一　受限于电商平台的 B2C 交易模式，生鲜水产品电商交易成本较高，退换货成本高昂，巨大的水产品交易量对食品安全风险监管提出了巨大的考验。同时，大多数水产品不需要经过第三方绿色安全认证，对于商品的监管更多时候得依靠用户反馈，并且各地对于水产品的质检标准参差不一，对于跨区域调配的水产品安全认定缺乏统一的规范，水产品安全和质量监管成为生鲜水产品电商发展的一大隐患。

3. 水产品运输体系不完善　生鲜水产品具有保鲜短、易腐烂的特性，所以需要低温保存和运输。物流成本和失鲜风险成为水产品电商物流发展的最大的阻碍，特别体现在跨区域调配方面。这使得水产品电商交易对物流配送体系提出了很高的要求。截至 2024 年，大多数生鲜水产品电商平台选择依托第三方冷链物流或出资建设冷链物流平台，其冷链物流水平很大程度上决定了水产品电商的市场竞争力。

4. 水产品供应商参差不齐　对于生鲜水产品供应商而言，加入电商平台可以扩展销售渠道，增加曝光度，获得更广阔的市场机会。然而，复杂多变的市场环境下，如何在众多供应商中选择最适合的合作伙伴，成为电商平台运营中的一项重要挑战。传统的供应商优选方法往往着重于供应商的实力和绩效，忽略了消费者在供应商选择过程中的重要作用，造成现有水产品供应商鱼龙混杂，影响了水产品电商渗透水平。

生鲜电商困境的本质源于"生鲜"和"电商"两个特征的加总。相比一般工业品电商，生鲜电商发展难度更大；相比生鲜传统销售渠道，生鲜电商的发展又面临新的困境。因此，分析生鲜电商困境的本质，首先要从生鲜和电商这两方面的主要特征着手，通过与一般工业品和生鲜产品传统销售渠道的对比，发现生鲜电商的特殊性，探寻制约生鲜电商发展的因素。

（1）生鲜产品与一般工业产品特征比较。生鲜电商发展困境首先来自生鲜产品的固有属性。生产、消费、储存分别代表商品的供给端、需求端和供需连接方式。①生产环节。一般工业产品是工厂集中生产、流水线装配，相比之下我国生鲜产品大多是由分散的小生产者通过自有自然资源进行生产，具有高度分散、生产技术门槛低、标准化程度不强、自然风险较大等特点。同时，生鲜产品在收购时，通常是按照重量、尺寸、外形等易观测的外部标准进行分类的，以内在特征为标准分类方法的成本较工业品要高，产品品质不稳定，同时定制难度也较大。②存储环节。相比一般工业品的单一场地存储需求，生鲜产品对存储有着更高的要求。生鲜产品普遍易腐易烂，部分农产品还会释放乙烯对同仓其他农产品产生影响，因此对场地、通风和低温要求都很高，其货架期普遍较短。③消费环节。与一般工业品不同，由于生鲜产品生产品质的不稳定，使终端消费者有更强的线下体验需求。同时，与一般工业品的必需品属性强、总体需求价格弹性较小特性相比，生鲜产品供给受地理位置、环境气候影响较大，单一生鲜产品具有许多相近的替代品，导致需求价格弹性大。例如，当苹果价格高时，消费者可以选择同期不同种类的水果替代，导致经营单品类生鲜产品的农户或电商企业有较大的经营风险。相比于工业产品而言，生鲜产品的较大价格波动主要集中于供应端，所以对供应端的稳定性要求更高。

由于生鲜产品本身特征导致，在生产环节，生产端门槛低，供给稳定性差，难以通过品质和功能的差异化扩大市场，也难以制造价格歧视获取剩余；在存储环节，物流成本高，存储风险大；在销售环节，销售单一品类生鲜产品的非综合性电商平台，在销售时很难具有卖方市场，同时对线下体验要求较高。

（2）生鲜电商与传统销售渠道比较。生鲜电商的困境也来源于电商这一销售渠道本身。生鲜水产品传统销售渠道中，水产品经纪人从分散生产者手中收购水产品，再经过各环节的集散市场运往地方商超和农贸市场，这中间的环节也会随着地方经济发展和产业形态的不同而有所增减。随着信息技术的发展，众多水产品经纪人转型成为地方电商经营者，在自建平台的同时也承接来自主流综合电商平台的订单。各类电商平台相互竞争、兼并，主流电商平台也在尝试直接跨过地方电商平台与分散农户直接连结，通过向生产者收购、吸引加盟，直到实现自主生产，如图4-1所示。两者最明显的区别就是电商大大压缩了中间环节。

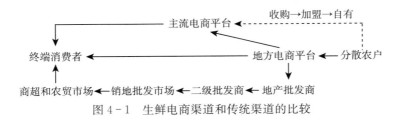

图 4-1 生鲜电商渠道和传统渠道的比较

生鲜水产品电商销售中间环节的大大压缩又是一把双刃剑。相较于电商渠道，传统销售渠道的中间环节较多，流通时间长、成本高，但当产品市场价格变化较大时，供应链中任意一个环节受到的冲击都能被其他环节共同分担，总体稳定性较好。当电商渠道压缩大量中间环节之后，电商平台集中了多个环节的风险，更容易受到市场风险和生产波动的影响。产业链的缩短意味着电商平台功能需求的增加，随着主流电商企业对全产业链的进入，其运营成本会大幅上升，如果经营产品毛利不足，高昂的运营成本会使得电商平台特别依赖外部资金。此外，电商平台对基础设施的需求也较高。相比传统渠道较为完善的仓储建设，主流电商平台会将订单外包给地方电商平台发货，此举措也会提高运营成本。另外，电商渠道提供给客户的体验感要弱于纯线下的传统渠道，这类产品在缺少电商平台重点推送的情况下很难让消费者首次选购，获客成本高，并且一旦产品出现问题，很容易导致回购率降低。

三、生鲜水产品供应商选择的不确定性

在当今生鲜水产品市场中，生鲜水产品供应商的选择问题变得越来越复杂和关键。这种复杂性源于多个关键因素的相互作用，其中包括供应链的不确定性、产品质量和安全性要求、市场竞争以及消费者需求的多样性。第一，供应链的不确定性是一个重要因素。生鲜水产品供应链容易受季节性、气候变化和自然灾害等多种因素的影响，从而导致供应的不稳定性。因此，供应商的选择变得复杂，因为他们必须具备适应这些不确定性的能力。第二，产品质量和安全性的要求对于生鲜水产品至关重要。这些产品直接关系到消费者的健康，因此，供应商必须严格遵守质量和安全标准，这增加了电商平台供应商选择的挑战。第三，市场竞争也是一个重要考虑因素。生鲜水产品市场竞争激烈，供应商众多。在选择供应商时，必须综合考虑价格、质量、供货稳定性等多个因素。消费者需求的多元化日益加剧了供应商选择的复杂性。消费者对于生鲜水产品的需求呈现出广泛的多样性，包括但不限于产品种类、品质水准及新鲜程

度等多个层面。在这个复杂多变的环境中，对于电商平台而言，选择合适的供应商已变得具有挑战性，需要全面考虑多个涉及不确定性的因素。因此，从消费者视角深入探讨生鲜水产品电商平台供应商的选择问题显得尤为重要。消费者的需求和偏好直接塑造了产品的市场需求和销售表现，深刻理解消费者的需求、偏好及购买行为对于选择适当的供应商至关重要。同时，选取与消费者需求相契合的供应商为电商平台带来了多重利益。第一，有助于满足市场需求，进而有效提升销售额；第二，迎合消费者需求可提升客户满意度，有助于建立长期稳定的客户关系；第三，选择合适的供应商还有助于减少库存积压的风险，因为产品更容易销售出去；第四，有助于提高电商平台的竞争力，吸引更多的潜在消费者。因此，选择与消费者需求相匹配的供应商不仅有助于满足市场的真实需求，还有助于构建持久的商业成功。

第二节　生鲜水产品电商模式概述

2005 年，以易果生鲜为代表的生鲜电商上线，拉开了我国生鲜农产品电子商务的序幕，在随后的几年内，沱沱工社、优菜网、我买网和淘宝生鲜频道如雨后春笋般地涌现。2012 年被称为"生鲜元年"，是生鲜电商迅速发展的一年，多家电商巨头加入生鲜行业，顺丰优选、本来生活及京东生鲜频道纷纷上线，1 号店和苏宁易购随后涉足，生鲜农产品电商进入了快速发展期。

据阿里巴巴数据，从 2013 年开始，生鲜农产品在淘宝上的销量额占农产品总额的 13%，同比增长了 194%，为增长速度最快的类目。据中国电子商务研究中心数据显示，2014 年生鲜农产品电商市场规模达到 1 000 亿元，而电商的顾客渗透率[①]不到 1%，生鲜电商一度被誉为电子商务的最后一片"蓝海"，但生鲜电商的难度之高，资本需求之大，使这一市场鲜有盈利者。随着渗透率的上升，我国生鲜电商行业市场规模也快速扩张，从 2015 年的 497 亿元增长至 2018 年的 2 045 亿元，年复合增长率达到 60.24%；2019 年中国生鲜电商行业市场规模达到 2 796 亿元，同比增长 36.72%；2020 年更是飞速增长，中国生鲜电商行业规模达到 4 585 亿元，同比增长 63.98%。

从价值链来看，商业模式指企业创造价值和获取价值的基本逻辑和方式。

---

① 顾客渗透率指从本企业购买某产品的顾客占此产品所有顾客的百分比。

商业模式的本质是企业在运营过程中的价值创造逻辑，包括顾客价值创造逻辑、伙伴价值创造逻辑和企业价值创造逻辑①。整个价值创造逻辑包含 8 个要素：目标顾客、价值内容、网络形态、业务定位、伙伴关系、隔绝机制、收入模式、成本管理。按这 8 个内在构成要素的任何一个或多个组合可构成商业模式的分类标准，选取了目标顾客、业务定位、伙伴关系这 3 个构成要素，对生鲜电子商务进行分类。

一、B2B 和 B2C 模式类型

B2B 模式是由企业销售商品或提供劳务给企业的模式，其目标客户是企业，业务定位为批发形式，与上下游企业的关系为合作伙伴关系。B2B 生鲜电子商务也就是生鲜电子商务的批发模式，由农产品的经营企业经网络媒介，销售生鲜农产品给批发商。相对于其他电商模式，B2B 模式发展缓慢，因此生鲜电商的 B2B 模式较少。生鲜 B2B 模式又分为综合平台型 B2B、垂直平台型 B2B 和垂直 B2B。

（一）综合平台型生鲜 B2B

综合指网站销售商品的类目齐全，除了生鲜农产品外还销售其他众多商品；平台指电商的本质是中间商，为包括生鲜农产品生产商和其他中间商在内的多样化经营者提供一个为消费者服务的交易平台，其本身并不负责产品的配送和售后，主要收入来源是交易佣金。

综合平台型 B2B 代表是阿里巴巴的 1688 平台，1688 平台提供全类目的商品交易场所，其中的食品频道下设源生鲜，为生鲜农产品生产者或批发商提供批发场所，2020 年 1688 平台的销售额超过 7 000 亿元，已经诞生了包括深圳数码电脑、金华日用百货在内的 10 多个百亿元产业带。

（二）垂直平台型生鲜 B2B

垂直指针对某一特定行业、某一细分市场、某一特定人群或某一特定需求进行精耕细作，提供内容集中而深入的信息与服务的经营方式。垂直平台型生鲜 B2B 就是专门为生鲜农产品经营者提供交易场所的平台网站，其代表是鲜易网、一亩田。

（三）垂直生鲜 B2B

垂直生鲜 B2B 是以生鲜农产品为经营范围，以经销为主要经营方式的电

---

① 原磊，《国外商业模式理论研究评介》，载于《外国经济与管理》2007 年第 10 期。

子商务模式，垂直生鲜 B2B 可简单理解为网络上的生鲜经销商。由于生鲜电商经营难度极大，加之 B2B 模式整体发展缓慢，垂直生鲜 B2B 少之又少，2015 年的生鲜新锐易买果、美菜、优配良品给生鲜 B2B 带来极大的想象空间。这 3 家公司均为移动生鲜电商，以微信公众号作为交易平台，以微信支付作为主要支付手段，在去中间化、物流等层面上，各有优劣。2015 年 9 月易买果和美菜宣布合并。

综合平台型生鲜 B2B 的电子信息化程度低，仅提供发布供需信息的功能，不是本文的研究重点。垂直平台型生鲜 B2B 的实质为生鲜中间商，其优点流动资金需求少，风险可控度高，劣势与阿里系的电商平台一样，缺乏对销售的产品的质量安全、知识产权和虚假交易等的监管机制，如最近"刷单"等虚假交易重创了知名生鲜电商一亩田。从价值创造中的目标顾客、业务定位、伙伴关系三个因素分析，垂直生鲜 B2B 在三类 B2B 中更胜一筹，垂直生鲜 B2B 的目标顾客明确，业务定位清晰，合作伙伴关系互相牵制、互相监管。

（四）纯 B2C

纯 B2C 自身不种植、饲养任何产品，所售卖的农产品均来自其他品牌商和农场，典型代表是顺丰优选、本来生活、美味七七。

顺丰优选是由顺丰速运集团倾力打造的生鲜农产品网站，70％的商品为进口商品，目标顾客是中高端人群。顺丰冷链设施基础完善、物流配送流程专业，是当前生鲜电商中的佼佼者。

（1）价值创造模式。赚取价值链上下游差价，依靠顺丰国际航空货运能力，顺丰专注原产地采购，从国内外产地直采正品，减短了供应链，降低了产品成本，节省了大量的开支，同时保障了产品质量，吸引了更多的客户流量，利用商品差价赚取一定的毛利。

（2）物流。自建冷链物流体系，顺丰在全国拥有较完善的仓库布局，在北京、上海、深圳、广州、南京、厦门等 26 个城市建有仓储中心，包括普通仓、防静电仓、恒温仓、冷藏仓、冷冻仓等。在北京、广州、深圳、武汉、成都等地总计 10 座 B2C 冷库，建立了冷链配送体系。依托顺丰航空的"快"、顺丰冷链物流的"冷"，再加上庞大的网络覆盖，顺丰是最有资本，也最有可能改变我国生鲜农产品流通现状的企业。

（3）经营现状。尚未盈利，根据 Alexa 统计数据显示，顺丰优选单天的 IP 在 4 万左右，如果按照 5％的平均转换率来计算，顺丰单天的订单量应在

2 000 单左右，无法形成规模效应，而顺丰优选平均客单价①为 200 元，相对 20～30 元/单的配送成本，无法盈利。

纯 B2C 比竞争者更关注生鲜细分领域，所以也就比其他平台更懂用户。但由于缺乏生鲜供应商的前期积累，供应链管理面临强大的挑战，如何保证平台能够实时供应新鲜、上好的生鲜产品，需要与全国各地很多农产品水果蔬菜批发市场达成紧密的合作。

（五）自有农场＋B2C

这类生鲜电商企业自身承包农场，种植瓜果蔬菜、饲养鸡鸭牛羊等，通过自建 B2C 网站的方式，直接销售给消费者，绝大多数销售的产品是自己的产品，少数是整合其他农场或品牌商的产品。典型代表是沱沱工社、菜管家。

沱沱工社是一家专业提供有机、天然生鲜类商品的 B2C 网站，拥有 1 个自营农场和 8 个联合农场，种植有机蔬菜、瓜果，散养土鸡、土猪等牲畜，提供质量可掌控的健康有机食物。目标顾客是高端小众人群。

（1）价值创造模式。全价值链模式，沱沱工社在北京平谷承包了一个 1 000 亩农场，在全国范围有 8 个联合农场，负责包括产品前期种植、采摘、包装、销售和配送等在内的整条产业链。

（2）物流。自建冷链物流体系，冷链物流建设主要在北京，投资已经超过亿元，北京内的货物次日送达，距离更远的地区则采用专门的航空配送。

（3）经营现状。实现微利，沱沱工社现有 2 600 多个库存进出计量的基本单元（Stock Keeping Unit，SKU，用于标识和区分不同的商品），日订单数在 2 800～3 000 单，2019 年营业额为 7 700 万元，较 2012 年的 2 350 万元同比增速达到了 227％，实现微利约 460 多万元。

（六）依托于淘宝的生鲜电商集合

这是一类依托淘宝、天猫等第三方平台，从事生鲜生产或销售的众多单个电商，按区域特色聚集，形成地方特色馆的电商集合。地方特色馆中的电商有相当部分是个人，他们以种养大户、家庭农场、专业合作社、农业企业、协会等为组织载体，以淘宝、天猫为流量入口，以第三方物流为物流渠道。从严格意义上看，地方特色馆不是企业，而是个人电商（C 端电商）的集合，但由于地方特色馆采用企业化运作手段，组织和协调资源、争夺流量、推广产品，可被认定为广义的企业。典型代表有遂昌馆、成县馆、通榆馆等。

---

① 客单价指每一个顾客平均购买商品的金额，即平均交易金额。

地方特色馆依靠当地政府强有力的组织和支持，为农产品质量做初级的信用背书，迅速地获得了消费者的信任。依托淘宝、天猫等第三方平台，有效地引入买家流量，提高交易转化率，扩大了交易量，但从长期发展来看，流量受制于第三方平台，客户黏性得不到实质性地提高。缺少自己的物流体系，销售的农产品基本没有生鲜农产品。

遂昌馆是国内第一个县级农产品馆，销售农产品以干货、山货为主，生鲜农产品比重极小。遂昌馆以遥昌网店协会为运营主体，其核心为一个独特的麦特龙分销平台，借助政府的强大支持和自身体系的巨大聚合力，集合了当地千余家个人卖家共谋发展。他们为千余家松散且不标准、不专业的个人卖家提供专业的培训服务，对上游货源进行统一整合并拟定采购标准，由"遂网"专业团队进行统一运营管理，线下则按照统一包装、统一配送、统一售后等标准化操作执行，遂昌模式更像是一个区域化的超级购物中心，其本质为一个服务商，售卖的是"标准化"。

（1）价值创造模式。筛选价值链上游资源，整合流通环节，提供标准化服务。为价值链上的每一个环节提供标准化服务。

（2）物流。没有自己的物流体系，购买圆通、EMS 等第三方物流公司服务。

（七）会员预售模式

从严格意义上讲，这类模式并非纯电商模式，这类企业拥有自己的农场，通过会员预售的方式，把农场里的产品直接配送到会员家庭。其价值链上游环节为规模化种植及饲养，接着是信息发布环节，通过官网发布产品的供应信息，会员通过网上的会员系统预订农产品，待产品生产出来后，配送到会员家庭。这类模式的营业收入不是来自网上零售，而是来自家庭会员的年卡、季卡或月卡收入。典型代表是多利农庄、中粮我买网。

2008 年，多利农庄在浦东大团镇取得 1 750 亩的自有农庄，种植有机蔬菜。随后的几年内，多利农庄整合了北京、上海、云南、浙江等 9 个生产基地，规模达数万亩，并花费巨资建立现代化的冷库、恒温室、流水作业台等，自建冷链物流体系等，欲做全国最大的有机食品生产商和宅配供应商。营销模式为会员预售的模式，收入分别来自家庭宅配收入及企业事业单位的福利采购收入。

（1）价值创造模式。全价值链模式，多利农庄负责产品前期种植、采捕、包装、销售和配送等在内的整条产业链，与沱沱工社不同的是，多利农庄的增值来源于会员预售收入，而非 B2C 零售收入。

（2）物流。自建物流体系，兼外购第三方物流服务（黑猫）。

（3）经营现状。约1万名宅配会员，年销售额已破亿元，但投资巨大，截至2024年11月尚未盈利，企业目标是资本市场。

会员预售模式可以帮助电商企业准确找到目标消费者群，营销成本小，但目标客户群较少，经营规模难以扩大。

（八）综合型 B2C 电子商务模式

实施综合型 B2C 电子商务模式可以充分发挥企业自身品牌的影响力，寻求产品或服务的新的利润点，培养核心业务。综合型 B2C 电子商务模式以综合型的 B2C 电子商务网站为运营平台，实际上是一个综合型的 B2C 商城建设。就 B2C 电子商务网站运营的现阶段总体发展状况而言，综合型 B2C 网站建设要进一步细化商品的陈列展示、信息系统智能化等方面。对于新老客户的关系管理，需要精细客户体验的内容，提供更加人性化、直观的服务。选择较好的物流合作伙伴，增强物流实际控制权，提高物流配送服务质量。

京东商城 B2C 运作模式，由运营模式和物流模式两大部分组成。京东商城作为 B2C 零售企业，收入来源主要以商品零售为主，商品来源于各类产品的生产商和渠道商。截至2024年，其主要的销售渠道为 B2C 电子商务网站，客户可以通过在线订购或电话订购的方式来购买商品，并选择在线支付、货到付款和自提等方式支付货款并收到货物。

京东商城的厂商不需要缴纳进场费、装修费、促销费、过节费。免去各种费用之后，销售利润率比通过传统渠道销售高很多，返款周期也较短，仅为20天。库存管理方面，库存周转率仅为12天，与供货商做到现货现结。同时，解读京东商城供应链可以看到，供货、系统、数据、仓储、配送是一个综合的相互作用、不断升级的体系，这些环节的协同作用以及数据的积累和运用，直接影响到系统在管理整个供应链过程中的效率和精确度。数据积累的时间越长、经验越丰富，系统在处理供应链管理时的反应速度和精确度也会随之提升。

二、"订单农业"模式类型（C2F/C2B/CSA）

C2F 指从消费者到农庄；C2B 指从消费者到企业，也称消费者定制方式；CSA 是 Community Supported Agriculture 的简称，即社区支持农业。这三种形式合并称为"订单农业"。在这种模式下，农业生产者在农产品种植前，接受消费者预订订单，消费者需预先支付一定的订金，农业生产者按订单要求进行种植，待农产品收成便配送给消费者。"订单农业"有两类：一类农产品经营者受规模所限，没有投入巨资建立电商平台，多是依托在淘宝网 C 店或"聚划算"进行销售，代表是"聚划算"生鲜频道；另一类自建生鲜垂直网站，接受订单，自有农场进行种植，典型代表是"踏歌"。

淘宝旗下"聚划算"生鲜频道销售水果、海鲜、肉类等生鲜农产品，部分商品以"订单农业"模式进行销售。先累积大量的预订订单，再进行种植或养殖，待产品成熟，快递配送至消费者。"聚划算"生鲜频道的著名"订单农业"案例有遂昌土猪、巴美淖尔羊肉。

遂昌土猪案例展现了典型的遂昌模式，具有鲜明的地方特色。农户提供散养猪，地方政府给以信誉背书和行政支持，当地电商负责运营，"聚划算"负责整合宣传资源。活动首日预订 6 093 斤[①]猪肉，营业额为 184 559 元，一个月后发货。但由于冷链物流没有跟进，夸大宣传，消费者收到货后，差评、退款、退货等纷至沓来，最终遂昌土猪网店被迫消失。巴美淖尔羊肉来自内蒙古巴彦淖尔的肉羊企业巴美肉羊公司，这是当地的一家龙头养殖企业。预售取得了 170 多万元的销售额，发货后用户的评论较好。此店铺已经形成了持续的销售，主打产品保持着每月 200～500 单的销量。

（1）价值创造模式。"订单农业"价值链是买方驱动的价值链，消费者通过"订单农业"能确保获取安全、高质量的农产品，农业生产者通过订单农业能有效避免盲目生产。

（2）物流。"订单农业"多数物流为第三方常温物流，生鲜农产品的保鲜度得不到有效保障，客户体验较差。

（3）经营现状。"订单农业"的经营状况参差不齐，生鲜产品品质优良、物流服务良好的企业，收获了令人满意的营业收入。

农业生产者通过订单能有效避免盲目生产，有利于了解市场需求，克服小生产与大市场的矛盾。"订单农业"的成功在于信用保障，失败的案例均因信用透支，交付的货物与宣传的差异较大。由于在国内刚刚起步，"订单农业"需要挑战消费者的接受能力，盈利之路需要慢慢探索。

三、微商模式类型

（一）微商的定义

关于什么是微商，无论是媒体，还是从业人士或是学术界，至今没有一个

---

① 斤为非法定计量单位，1 斤＝500 克。

统一的认识。最初的微商是微信朋友圈中售卖货物的个人和组织，可用"微信＋电商"表示。随着微商平台的崛起，如微信小店、有赞商城等，微商的内涵和外延得以扩大，微商绝对不等同于微信朋友圈内的卖货郎。微商可以在微商平台上面开一个移动网店，然后可以将店面的链接地址分享和发送到任何一个社交平台上，从这个意义上看，微商已经超越微信这一个平台，微商也不再是"微信＋电商"，而是所有的"移动社交平台＋电商"。因此认为，微商指那些以微信、QQ、陌陌、来往等移动社交平台为媒介，借助于微商平台开设微店，或者直接在社交平台的朋友圈中开拓市场，开展销售活动或进行分销的组织或个人，微商是基于社会化媒体开店的新型电商，是一种社会化的电商。

（二）微商的类型

第一类是品牌微商，这是朋友圈内的品牌代购者，如美妆品牌采用朋友圈作为销售渠道，结合传统代理制进行销售管控。但由于品牌官方的放任和微商个人自控能力的缺失，不少品牌存在传销、制假售假现象，导致这种类型的微商遭受较多的质疑。

第二类是个人微商，这种微商以在朋友圈的售货为主，适合非标准化产品，如生鲜水果、手工制品、土特产等。少数微商以次充好，以假乱真、暴利刷屏，透支了朋友圈的信用，这类微商也不被大多数人看好。

第三类是社群微商，由某个群体内的意见领袖发起，以兴趣点或某种情感共鸣形成的在线社群，通过有主题的运营，转换粉丝为消费者而实现变现。社群微商的主题不外乎传递价值、对接资源、学习帮助三类。社群微商多以培训切入，以专业辅导为主，培训新人，同时吸引和扶持成员成长为明星案例，最终扩大会员，提供高端服务收费。社群微商代表包括云集、贝贝网、淘宝客、拼多多的多多团等。

第四类是平台微商，这类微商又分为两小类：一类指在微信小店、微盟 V店、口袋购物等微商平台上开设微店的微商，这类微店在朋友圈内分享微店链接；另一类是基于微信公众号发布产品信息，如微盟旺铺、有赞微商城等。

微商平台是一个去中心化和去流量化的交易平台，有着一整套完善的交易机制，有效地避免了朋友圈刷屏、假货横行等现象。

（三）口袋购物微店

"微店"这一词几乎已经变成一个行业词汇，而最早使用微店的是由北京口袋时尚科技有限公司开发，帮助卖家在手机开店的口袋购物微店。上线于

2014 年年初的微店，划时代性地采用了用手机号开网店的模式，将电商的准入门槛拉到历史最低，商品的上架、编辑等功能也非常简单。这个"傻瓜式"开店工具很快引发了一股大开店的潮流。上线早、门槛低、运营简单，使口袋购物的这款微店迅速累积用户，抢占市场。它依然是店铺数量最多的微店平台。本文也将重点介绍微店的使用方法。

适用商家：有货源的个人（如代购）。

（四）有赞

有赞原名口袋通，于 2014 年年末上线，是帮助商家在微信上搭建微信商城的平台，提供店铺、商品订单物流、消息和客户的管理模块；同时，还提供丰富的营销应用和活动插件。有赞是独立的店铺系统，它和微信并没有直接的联系。但是商城和微信绑定之后，微信成为店铺面向粉丝的重要推广渠道。如果有微信公众号，就可以向粉丝推送图文消息，通过链接打开有赞商城；如果公众号具备自定义菜单权限，就可以直接单击商铺连接到有赞；如果没有微信公众号，则可以把搭建好的商城链接发送到朋友圈，粉丝单击链接就可以实现在店铺购买商品。

适用商家：有货源的个人店铺。

（五）京东微店

京东微店与腾讯合作在微信开通购买入口，具有其他微店平台不能相比的优势。模式上，京东微店偏 B2C，主要还是为京东开放平台商家打造，许多京东商家还是会第一时间选择在京东微店继续开店。京东微店的优势：第一，基于移动端的微店商铺，提供装修店铺、商品上架、卖场生成、订单管理等一站式服务；第二，基于移动端的微店商铺，拥有庞大的潜在粉丝群体；第三，接入多种支付方式，可根据用户的需要提供最便捷的支付；第四，借助微信平台，可以跟买家一对一进行沟通，提供即时、方便、快捷的沟通渠道；第五，京东微店不支持个人店铺，只支持企业店铺的注册，因此在服务体系上相对来说更完善，但是，开通京东微店需要交纳 20 000 元店铺保障金，还有后续平台服务费及交易技术费用，入驻门槛比较高。

适用商家：企业店铺。

（六）微盟 V 店

微盟在创立初期，只是一个单纯的第三方开发者，帮助企业搭建微信官网，以展示信息为主，并不涉及在线交易。随着微信发展的日渐成熟，微盟正式推出微盟旺铺，帮助商户实现微信端的店铺装修、商品管理、订单管理、运费模板、营销管理支付管理等，其移动电商的发展方向更加明显。在这个阶段，可以把微盟的角色理解成一个微信端的"商派"，帮助企业搭建 B2C 商城。如果说前面微盟都在服务与帮助微信官网搭建 B2C 模式的话，接下来微盟进入了一个质的飞跃，开始朝向 C2C 迈进，此时的微盟才能叫作微商。这一阶段微盟正式上线"V店"（后更名为"萌店"），产品功能上类似口袋购物微店，但不同的是它有一个分销市场，个人店主可以在其分销市场选产品，上架到自己的店铺。这样一来，微盟的业务链条上就有了三个主要环节：最上游是供应商，提供货源；中间是分销商，也就是微商，负责选货、在社交圈中推广、卖货；最下游是消费者。

适用商家：个人店铺（有无货源均可）。

（七）微信小店

2014 年年中，微信公众平台宣布正式推出微信小店，凡是开通了微信支付功能的认证服务号，皆可自助申请微信小店功能。通过微信支付转账，实现购买。想开微信小店需要满足以下三个条件：首先必须是公众号里的服务号，其次必须开通微信支付端，最后必须缴纳 20 000 元押金。因此，微信小店的准入门槛比较高。而支付方式只能用微信支付，同样限制了微信小店的发展。但随着微信的普及，微信小店还是会有无限商机的。

适用商家：企业店铺。

（八）微商的创新点

与其他的电商模式比较，微商的创新在于微商是一种信任经济，微商基于移动社交而发生交易，交易双方的关系首先是社交关系，然后是商业关系；交易基础首先是信用，然后是品质。由于微商交易的前提是与用户建立信任关系，适合个性化、非标准化的产品，微商比较成功的产品基本上停留在土特产、生鲜农产品上，这些产品更易借助社交关系进行传播和扩散，并形成购买。

（九）生鲜微商

生鲜微商集中在个人微商和平台微商中，生鲜个人微商适合销售自己生产的非标准化的生鲜，生鲜平台微商多是生鲜 B2B 和生鲜 B2C，生鲜 B2B 微商有易买果、美菜等，生鲜 B2C 微商有 15fen、天天果园、美味七七等。随着智能手机的普及，纯 B2C 的生鲜电商的市场重心也从 PC 端移到了移动端，如顺丰优选、午苇生鲜、窝里快购等，这些纯 B2C 生鲜电商建立微信公众号，每天推送低价优质的生鲜信息，有效地提高了用户转化率。依仗微信巨大的流量，生鲜微商取得了令人瞩目的销售量，调查显示，美味七七 90% 的订单来自微信，天天果园则是 96%。

窝里快购是一家立足于杭州的全品类网上超市，生鲜占比 30%，由钱江晚报集团、耀江物业和风险投资商共同投资。窝里快购开通了微信公众号，每周推送信息 3 次，吸引了大量的客户从 PC 端转移到移动端。

窝里快购的目标客户为大众消费者，生鲜产品为中低端、大众化的日常消费品，小到 0.6 元的一撮葱，大到 6 元 1 斤的水鸭，都是窝里快购的畅销产品。窝里快购依托《钱江晚报》的报送系统和耀江的物业系统，极大地降低了物流成本和流量获取成本。窝里快购共享《钱江晚报》配送资源，实行免费配送，《钱江晚报》的配送员 09：00 之前送报纸，09：00 以后做产品配送。从流量来源上看，窝里快购的新客户来源主要依靠《钱江晚报》的版面宣传，这种近乎免费的流量，使窝里快购的新客户获取成本极低。窝里快购每天的销售额在 20 多万元，客单价 120 元，毛利率能达到 20% 左右，基本能做到盈亏平衡。

四、C2C 和 O2O 模式

（一）C2C 模式

C2C 生鲜电商主要是在天猫、淘宝上从事生鲜经营的 C 店，据阿里巴巴披露，截至 2014 年年底，淘宝、天猫上的农产品 C 店有 74.98 万家，较 2013 年增长 60.57%。从农产品品类的销量增长速度来看，生鲜的增长率位居第二，为 77%[①]。

绝大多数生鲜 C 店店主是农业散户或个体零售商，受供应链上游货源、自身资金、物流的限制，经营规模小，持续期短。截至 2024 年，C2C 模式不是生鲜农产品电商的主流模式。

为了满足人民日益增长的消费需求和日益多元化的消费习惯，C2C 模式下的网络营销是电子商务发展到一定阶段的历史产物，它融合了网络信息技术和个人之间的产品交易的特点，为买卖双方搭建一条"信息沟通—支付款项—交易完成—售后服务—消费者评价"的桥梁。C2C 模式在农业领域的不断渗透和应用孕育出巨大的市场机会，这为农产品商家提供商机和市场竞争力的同时，也为消费者带来了方便，在各种技术日趋完善的同时，推动农产品销售从

---

① 阿里研究院，《阿里农产品电子商务白皮书（2014）》，2015 年 2 月。

传统向现代化转变。在 C2C 模式下，网络平台将通过与国内快递公司签订协议，约定服务价格、内容和方式，以及赔付条件与款项，并规定由该网络平台承担监控和监督物流公司对于投诉和索赔的处理责任。具体操作措施：该网站汇总合作物流公司的运输费用、服务政策、客服以及监督举报电话等信息，让客户自行进行比较，从而选择适合的物流公司，同时消费者通过在线下单获取相应物流服务。在这个过程中，网络平台不承担连带责任，物流过程中出现的商品损坏等问题在商家与物流公司沟通后，由物流公司承担相应责任并对消费者的损失进行负责。

（二）O2O 模式

严格地讲，按商业模式分类并不包含 O2O 模式，由于业内人士习惯将 O2O 作为一种商业模式，我们遵循这一行业惯例。O2O 即从线上到线下（Online to Offline），具体指将线上互联网和线下商务机会相结合，实现线上、线下营销互动，为顾客提供更加便捷服务的一种模式。根据线上（Online）和线下（Offline）作为服务前端的先后顺序，可以把 O2O 分为线上到线下（Online to Offline）和线下到线上（Offline to Online）两种形式。本文研究的 O2O 模式属于线上到线下（Online to Offline）。

O2O 模式为生鲜电子商务的"最后一公里"配送难题提供了解决方案，较为成功的 O2O 生鲜电商有厨易时代、家事易、爱尚鲜花、15fen 等。

爱尚鲜花属于 O2O 的第一代模式，爱尚鲜花成立于 2007 年，是国内较早从事 O2O 模式鲜花业务的电商，爱尚鲜花与全国 10 000 多家花店签约，覆盖到全国 600 多个城市。爱尚鲜花相当于一家鲜花平台，消费者从网上下单后，爱尚鲜花将订单分配给线下花店，1～3 个小时以内，消费者可以选择就近自提或配送到户。

爱尚鲜花本身并没有库存，负责网上下单和售后服务，线下花店负责鲜花制作、配送，爱尚鲜花从中分成 35%～40%。

厨易时代是当前 O2O 生鲜模式中的佼佼者，经过 5 年的锤炼，打造出了"原产地生鲜产品＋线上购物平台＋线下终端厨易站＋城市生鲜食品配送网"全价值链的模式。厨易时代直签货源基地和品牌商，配置中央厨房，做净菜切配。厨易时代既提供食材，又提供净菜宅配，在社区设立厨易站，将加工好的净菜和食材冷链运输到各厨易站。厨易站中有可视化小冷库，以售卖并储藏客户产品，具有提货和展销双重价值，已经实现了全智能化独立运作。消费者上午在厨易时代网站下单，下午可到厨易站自提或选择配送到家。

O2O 生鲜模式被业内普遍看好,是生鲜电商界最有前景的模式,O2O 模式的关键是终端店铺,可以满足消费者的体验需求,顺应消费者"挑挑拣拣"的习惯,此外,终端店铺还可以解决生鲜"最后一公里"的仓储配送问题。但 O2O 生鲜模式在商业在线支付闭环、农产品的标准等方面需要进一步深耕。O2O 商业模式下具体的 O2O 营销形式,如图 4-2 所示。

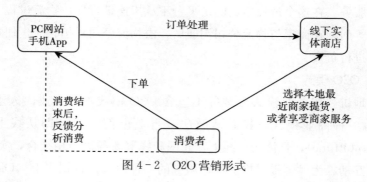

图 4-2　O2O 营销形式

O2O 营销形式的本质是企业利用 PC 网站及手机客户端 App 的各种特色功能,来吸引消费者上网关注企业的产品、感受企业的服务,并在这个过程中形成对企业的良好感觉,进而主动转移到企业的线下商店进行消费的一种电子商务营销模式。这种电子商务模式具有四大要素,如图 4-3 所示。

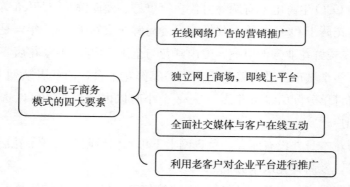

图 4-3　O2O 电子商务模式的四大要素

智能手机的普及让用户的线上消费和线下消费紧密地连接在一起,而由于互联网对用户消费链的渗透程度各有不同,因此 O2O 也存在着不同层级的不同模式。根据用户消费链的环节,可以把 O2O 营销模式分为 3 种,如图 4-4 所示。

同样,O2O 营销模式也有利于爆品的打造,因为其本身就是紧跟潮流,

3种O2O营销模式

- 做口碑的O2O营销模式：这种模式的平台能够吸引大批消费者，通过口碑进行传播，达到为商家宣传的目的，并且它还参与到了用户消费链的前3个环节
- 做预约的O2O营销模式：这种模式的平台参与到了用户消费链的前4个环节，它充分考虑到用户的感受，企业能在获得消费者好感的同时，得到消费者的认同
- 全消费链的O2O营销模式：这种模式的平台可以参与到消费链的全部环节，它可以帮助企业将实体店面搬到互联网上，在线上推广线下的产品与店面，大大增加了企业的利润，如“千品网”

图 4－4　3 种 O2O 营销模式

以用户为主的营销方式。以京东到家平台为例，京东到家与十几个城市的上万家便利店展开合作，打造“京东小店 O2O 模式”。此外，京东到家还联手服装、箱包、鞋帽等品牌连锁店，全面形成“大数据＋商品＋服务”的 O2O 营销模式。

（三）O2O 模式配送实施过程

1. 订单分配　电商平台在接收到客户所下达的订单后，会在第一时间综合地理位置、末端节点仓储情况、订单详情、客户附加需求等多项信息来确定订单的分配。系统自动分配订单后，末端节点接单并在系统中显示订单处理进度。

2. 配送取货　订单成功分配，并在系统中确认接单后。社区店的工作人员或第三方配送员会进行取货验货工作。在验货过程中，需要核对订单品种数量、相关金额、产品的包装等。在取货过程中，需注意不同品类产品的分放，如将半熟品类与冷藏品类分开、将有特殊气味的水果之间做好分类等。

3. 订单妥投　生鲜电商配送员根据生鲜平台显示的客户提供的地理位置来自主选择合适的路线。由于 O2O 生鲜电商距离客户较近，采用的交通工具大多为电动车等轻便工具。配送员在规定的时间内，及时将订单配送到客户处。在配送即将到达时，提前和客户预约确认收货，或者将订单投放到小区、写字楼的冷藏柜中。待到送达后，客户确认签收信息，上传电商平台，关闭交易。如若出现订单异常、退货等现象，则按照平台相关规定酌情处理。

五、前置仓模式类型

（一）生鲜电商前置仓模式的优势

1. 选址优势 前置仓模式与其他模式最大的不同之处在于，前置仓选址一般选在离消费者较近但人流量很少的地方，可能是某个办公楼或某个社区里一个小型的仓库等，只要用户在"叮咚买菜"线上平台下单，短时间内就能由最近的前置仓安排配送员配送上门。

与传统的线下门店相比，由于前置仓不对外进行营业，仅负责提供生鲜配送服务，这就意味着前置仓对于地理位置的要求很低，有些前置仓的位置甚至在仓库、工厂等完全没有人流量的地方，选址时只需要做到覆盖住户数量大、环境有利于生鲜储存即可。人流量大的位置通常来说也意味着门店租金更贵、运营成本更高，把不对外营业的前置仓选址在这里也就本末倒置了。

2. 规模化效应 在前置仓模式下，前置仓仅作为一个单纯的执行单元，不做线下业务的特点使得它不需要更多的创造力，更易于管理、扩张与复制。

规模化的第一个好处便是议价能力的提高。站在供应链 B 端的角度看，规模化程度提高，对于原材料"毛菜"的需求加大，使得公司在供应商面前拥有更强的议价能力，可以按更低的价格得到"毛菜"，或者以同样的价格拿到品质更好的"毛菜"，在提升了菜品品质的同时也适当降低了采购成本。

第二个好处则是简化供应链，掌握加价权。从需求端来看，叮咚买菜平台设置有 1 500＋的 SKU，围绕一日三餐将用户的需求集中化，采用"生鲜＋调味品"的组合模式，为用户打造了一站式的购物体验。从供应端来看，叮咚买菜采用城市批发采购而非源头采购，品牌供应商每日按需直供至自建的城市分选中心进行标品化处理，免去了源头采购的人力成本、仓储成本以及从源头长途运输过来的高额冷链运输成本，以实现简化供应链的目的。

在生鲜行业中，从成筐成车未分拣过的"毛菜"到分拣打包好的标准化菜品，两者间存在巨大的加价率差。因此，自建城市分选中心是规模化后的必然选择，这使得叮咚买菜能把加价权掌握在自己手中。

第三个好处则是增加潜在用户数量。叮咚买菜的一个前置仓的服务半径为3 千米，前置仓设点的标准为半径 2 千米内 5 万住户且以年轻人居多，营销方式以地推等轻营销方式为主，主要针对都市自领，有很强的用户挖掘潜力。而且由于买菜是一个刚需、高频的场景，优质用户的用户黏性很高，很多人会一开始先下些低客单价的订单来体验，若体验良好则之后购买的品类、金额会随之提升，并会向身边人推荐，以老带新形成一个良性循环。

（二）生鲜电商前置仓模式的劣势

1. 盈利模式单一　叮咚买菜的前置仓模式通过自建分选中心、自营物流，把加价权掌握在自己手中并以此盈利，缺乏更多的流量变现形式，盈利模式过于单一，这也是前置仓模式的核心痛点所在。

2. 难以往二线城市复制　平均客单价是前置仓模式能否往其他城市复制的一个关键性指标。叮咚买菜在上海市的平均客单价在 45 元左右，并且以每月 0.5 元左右的幅度增加；平均的获客成本在 22 元/人左右，其中包括地推奖金、新用户优惠券等。由于不同地段的消费者的差异，会存在品类运营差异、价格差异。一个城市内不同区域尚且如此，扩展到全国复杂度更会大大上升，加上二线城市的消费水平明显会弱于北上广深这样的一线城市，一般的生鲜社区店的客单价为 20～30 元，因此，前置仓模式能否适用于其他二线城市值得思考。

3. 商业模式过于依赖资本输血　由于前置仓模式必须自建分选和物流来保证产品品质方面的竞争力，导致前期需要大量资本投入，通过补贴用户拓展新用户，预亏开仓，只有在获得一定市场占有率后，才能进入下一阶段。这意味着前置仓模式十分需要口袋"深"的投资者输血以维持前期开支，一旦融资出现问题，整个平台容易陷入困境。

截至 2024 年，美团在上海上线了主打社区生鲜的美团买菜，盒马鲜生也在布局线下自营物流配送的模式，资本巨头入场使得线上生鲜电商成为一片"红海"，竞争更为激烈。在品质、配送服务差不多的情况下，用户的选择大都是哪家便宜去哪家，背后有资本巨头撑腰的平台更有底气大打价格战。不跟着降价会流失大量核心用户，跟着降价会使得本就尚未实现盈利的初创公司更加举步维艰，让公司陷入是否参与价格战的两难境地。

（三）完善生鲜电商前置仓模式的建议

1. 做好用户留存，流量构筑护城河　互联网发展到今天，平台间同质化严重，用户迁移成本较高。对于叮咚买菜这样的初创公司来说，最主要的就是做好老用户的留存，通过严格把控的产品品质和一次一次高质量的用户体验，不断提高用户留存率和次月复购率，减少用户流失。

2. 控制运营成本，提高盈利的能力　叮咚买菜 2020 年初开始实现盈利，现阶段仍在通过不断的资本投入来扩大规模。解决流量和规模问题，并不一定需要烧钱补贴或密集宣传，而更多需要模式的创新性和可靠性。虽然叮咚买菜前置仓模式有着种种优势，但盈利模式单一、前置仓投入过大、收益难覆盖物流成本等弊端仍存在。在当下行业竞争越演越烈的情况下，应探索新的盈利手段，同时控制运营端成本，用运营效率的不断提升反向拉动用户需求，开源节流，提高盈利能力。

3. 做到稳扎稳打，不急于自身扩张 相较于美团买菜、盒马鲜生等平台来说，叮咚买菜缺少巨头的背书，在资本实力、流量来源以及体量规模方面处于下风。因此，它首先要保证自身的资金链不受影响，之后才有可能拓展增长空间。叮咚买菜虽然在上海市的市场扩张迅速，已经基本实现上海市除崇明区以外的全覆盖，但不能在还没有摸索出一套稳定的盈利模式前盲目扩张，更需要先做好区域化品牌，在运行成功一套模式及运营方法论后，再由点及面向长三角二线城市扩张。

■ 第三节 物流在生鲜水产品电商中起着至关重要的作用

生鲜水产品具有高价值、高损耗、时效性强的特点，其电商发展面临诸多挑战，而物流则成为决定其成败的关键因素之一。物流不仅仅是传统意义上的运输和配送，更涵盖了从生产、加工、存储、包装到配送、售后的整个供应链管理。因此，研究物流在生鲜水产品电商中的重要性，不仅能够揭示其在电商行业中的核心地位，还能为企业优化供应链、提升服务质量提供理论依据。物流在生鲜水产品电商中具有如下作用。

一、确保产品的时效性

生鲜水产品的物流最核心的要求是保证产品的新鲜度和时效性。水产品属于易腐败类食品，一旦脱离原产地环境，鲜活度便迅速下降。对于电商来说，从下单到配送至消费者手中，时间极为关键，物流环节稍有延迟就可能导致产品变质，进而影响消费者体验。

在物流过程中，冷链物流系统的构建尤为重要。通过冷藏车、冷库等设施，生鲜水产品能够在低温条件下被保存，延长其保质期，保证运输途中的品质。此外，高效的配送网络和信息化管理系统能够实时监控产品运输状态，确保其按时到达，减少时间浪费。

二、提升消费者满意度

消费者购买生鲜水产品时最关心的两个方面就是产品的新鲜度和配送的时效性，而这正是物流系统所能直接影响的因素。物流系统如果高效运作，能够让消费者在最短的时间内收到保鲜效果最好的水产品，从而大大提升客户的满意度。反之，物流延迟、冷链损坏等问题都会导致客户对商家的信任度下降，甚至引发退货、投诉等后续问题。

例如，在生鲜电商巨头每日优鲜和叮咚买菜的物流策略中，冷链宅配服务成为他们赢得市场份额的重要手段。通过优化城市内的配送中心布局，缩短了配送距离，极大提高了配送速度，从而提升了消费者的满意度。

三、降低产品损耗率

水产品具有高损耗率的特点，在物流过程中若处理不当，将会造成巨大的经济损失。通过优化物流体系，尤其是冷链物流系统，可以有效降低水产品的损耗率，从而保证商品的高效流通。

在传统的水产品运输模式中，损耗率通常在$10\%\sim20\%$，而通过现代化的冷链技术和信息化管理系统，企业能够有效降低这一比例。例如，通过温控技术和冷链追踪系统，实时调整运输过程中的温度和湿度，确保产品始终处于最佳状态。此外，企业还通过与第三方物流合作，利用其成熟的物流网络，降低物流成本与损耗。

四、优化供应链管理

生鲜水产品的电商运营不仅涉及消费者端的配送，还涵盖了供应链的各个环节。高效的物流体系能够有效连接产地、加工中心、仓储设施以及最终的消费者，优化整个供应链流程。物流在供应链中的作用不仅仅是运输，还涉及信息流、资金流的管理。现代物流技术，如物联网、大数据分析等，能够帮助企业实时跟踪产品从产地到消费者的全过程，优化库存管理，减少中间环节的损耗。同时，物流数据的积累能够为企业提供更加精准的销售预测与库存管理依据，降低运营成本。

物流在生鲜水产品电商中起着至关重要的作用。它不仅直接关系到产品的新鲜度和消费者的满意度，还涉及企业的供应链管理与成本控制。尽管生鲜水产品电商面临着冷链物流成本高、配送时效性要求高、信息化管理水平不足等挑战，但通过优化冷链物流系统、加强信息化管理、建立区域性物流网络以及提升配送服务质量，企业可以有效提高其市场竞争力。未来，随着科技的不断进步和物流基础设施的完善，物流将在生鲜水产品电商中发挥更加重要的作用。

■ 第四节　竞争情报为电商平台保持竞争力提供强有力的支撑

在当今全球化和数字化的商业环境中，生鲜水产品电商平台面临着高度竞争和日益复杂的市场环境。供应商的选择不仅决定了平台产品的质量和安全性，还直接影响着电商平台的竞争力和市场表现。然而，生鲜水产品供应链的复杂性和市场的不确定性，使得供应商优选过程充满挑战。在这一过程中，竞争情报的应用显得尤为重要。

一、提升决策科学性和准确性

竞争情报通过系统地收集、分析和解读与竞争对手、市场趋势和供应链相关的各类信息，为生鲜水产品电商平台提供了准确、及时的市场洞察。利用竞争情报，电商平台可以全面了解供应商的资质、市场表现、创新能力以及与竞争对手的相对优势。这些信息帮助平台在供应商选择时做出更为科学、客观的决策，从而减少因信息不对称导致的决策风险。

二、预测市场变化和规避潜在风险

生鲜水产品市场具有高度的动态性，消费者偏好、市场需求、供应链条件和政策法规等因素都可能发生快速变化。竞争情报通过对市场环境的持续监测和分析，能够预测市场趋势和潜在变化，帮助电商平台提前识别可能影响供应链稳定性的因素，并制定相应的应对策略。此外，竞争情报还能帮助平台识别供应商可能面临的风险，如财务问题、运营能力下降或质量控制不严，从而在供应商优选中规避可能的合作风险。

三、优化供应商管理与合作策略

竞争情报不仅有助于供应商的初步选择，还在长期的供应商管理与合作策略中发挥关键作用。通过持续监测供应商的市场表现和竞争环境，电商平台可以及时调整合作策略，确保供应链的灵活性和适应性。此外，竞争情报还可以帮助平台在供应商关系管理中，识别潜在的合作机会，如与具有创新能力的供应商建立战略合作，提升供应链整体竞争力。

四、增强平台竞争力和市场反应能力

在激烈的市场竞争中，电商平台要保持竞争优势，必须具备快速反应和灵活调整的能力。竞争情报提供了对竞争对手行为和市场动态的实时监控，使得电商平台能够及时捕捉市场机会，调整产品组合和营销策略。同时，竞争情报还能够帮助平台识别竞争对手的供应链战略，从而制定更加有效的竞争策略，确保在市场竞争中处于有利位置。

五、支持创新与战略发展

竞争情报在支持电商平台的创新和长期战略发展中同样发挥重要作用。通过分析竞争对手的创新动态、技术发展和市场反应，电商平台可以识别市场上的新兴趋势和技术革新，进而在供应商选择中优先考虑具有创新能力和潜力的供应商，推动产品和服务的创新。此外，竞争情报还能够帮助平台制定长期的供应链发展战略，确保在市场变化中持续保持竞争优势。

综上所述，竞争情报在生鲜水产品供应商选择过程中不仅提升了决策的科学性和准确性，还通过市场预测、风险规避、供应商管理、竞争策略优化及创新支持等多个方面，为电商平台在复杂多变的市场环境中保持竞争力和可持续发展提供了强有力的支撑。

第五章
生鲜水产品电商竞争环境分析：
网页与网购意愿研究

    2019 年年底，新冠疫情暴发，极大地影响了我国经济发展，但同时也加速了传统企业向互联网的转型。其中，生鲜电商迎来了井喷式增长。2020年上半年生鲜电商的交易额达到 1 821.2 亿元，同比增长 137.6%，超过2019 年全年。与传统线下交易方式不同的是，网页是网络零售商店与网络消费者相互交换信息和执行各种交互活动的"场所"，网络零售商店由于没有实体建筑物的依托，只是一种虚拟的想象中的概念，网页的外观、布局及商品陈列等方面的不同会营造出不同的竞争环境，会直接影响到消费者的心理感受，从而导致消费者的购买意愿出现较大的变化。消费者在网上购买生鲜时与产品在空间上是分离的，这种分离不可避免地导致买家和卖家之间的信息不对称。已有研究表明，信息不对称是消费者在线上购买生鲜食品时的主要困难，同时也成为电商卖家与消费者之间难以建立信任关系的主要原因[90]。

■ 第一节　生鲜水产品网购意愿影响因素分析

    消费者网上购物的感知有效、感知便捷等感知利益，以及感知风险、交易成本等感知成本是影响网络消费者购买意愿的主要方面。生鲜水产品的鲜活度、图片类型、品质、产地、包装等方面，都会直接影响到消费者生鲜水产品网购意愿，而影响网络消费者感知利益、感知成本的因素一方面来自产品因素，另一方面来自平台因素及售后因素等。为了探究影响消费者网购意愿的核心因素，本章从社会学视角进行核心影响因素认定。

一、生鲜水产品网购意愿影响因素指标体系构建

基于第二章所分析的生鲜水产品市场消费者意愿研究现状，本章在现有研究的基础上，从产品因素、平台因素和售后因素三个方面，以及维度层面的21个二级指标，构建了生鲜水产品网购意愿影响因素指标体系，具体的评估框架如图5-1所示。

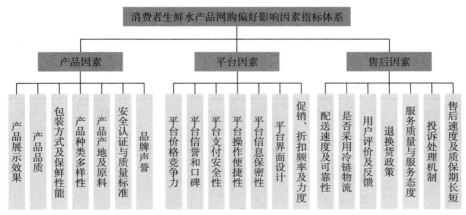

图5-1 消费者生鲜水产品网购意愿影响因素指标体系

二、生鲜水产品网购意愿影响因素分析

为实证探究上述因素对消费者生鲜水产品购买意愿的影响，本文采用问卷调查的形式获取一手数据以考察消费者对网购水产品的意愿。考虑到实证结果的客观性和真实性，基于专家、生鲜水产品需求者、网购经验者的多方意见进行了问卷设计，通过样本控制将年龄、受教育程度等可能影响结论的因素排除，多次修改及调整问卷，以保证问卷的质量。

（1）专家咨询。基于现有消费者网购意愿、生鲜电商发展进程、生鲜水产品需求等方面的研究文献归纳进行问卷设计。同时，与该领域专家学者及相关从业人员进行深度交流以改进问卷，初步完成问卷内容。

（2）预调查。为测度问卷调查的现实可行性，将问卷随机发放于40位具有网购经验和水产品需求的相关人士进行结果预调查，征集被调查者的调查意见，并对调查结果进行处理分析。基于分析结果及被调查者的调查意见，对问卷中相关因素及表述疏漏进行修改，以确保调查的准确性和可读性。在保证了调查问卷的现实可行性后，完成问卷定稿。

　　研究在社会各界随机选取 308 位相关人士作为被试进行实验。收回问卷308 份，其中有效问卷 303 份，有效率为 98.4%，进入最终分析的样本共 303份。问卷包含基础信息部分和量表部分，基础信息包括性别、年龄、受教育程度、网购频次及生鲜水产品需求等信息；量表部分包括产品因素、平台因素及售后因素三个维度共 21 题，采用 5 点计分，分数越高代表影响程度越大。利用 SPSS 软件进行相关检验分析。

（一）人口学变量频率分析

　　首先对问卷进行人口学变量频率分析。通过描述性统计量得到变量的分布特征，以提供关于人口特征和行为的定量信息。其结果如表 5-1 所示。

表 5-1　人口学变量频率分析

基础信息	选项	频率	百分比/%	平均值	标准差
性别	男	161	53	1.47	0.50
	女	142	47		
年龄	25 岁及以下	63	21	2.58	1.11
	26～40 岁	85	28		
	41～55 岁	70	23		
	55 岁以上	85	28		
受教育程度	初中及以下	92	30	2.22	0.99
	高中	83	28		
	大学	97	32		
	研究生	31	10		
每周网购频次	2 次及以下	49	16	2.51	0.92
	3～5 次	91	30		
	6～8 次	121	40		
	8 次以上	42	14		
生鲜水产品需求	无需求	3	1	3.45	0.67
	较小需求	22	7		
	中等需求	113	37		
	较大需求	165	55		

　　上述分析反映了本次调查问卷的人口学变量数值特征及被调查对象的分布。其均值代表了集中趋势，标准差反映了抽样波动。从分析结果可以看出，样本分布满足抽样调查要求。

（二）信效度检验

本文采用 Cronbach's Alpha 系数[91]进行信度分析以检验调查信度。利用 SPSS 软件对量表部分的产品因素、平台因素、售后因素等方面进行信度检验，基于检验结果可以看出各维度内在信度处于较高水准，如表 5-2 至表 5-5 所示。

表 5-2　产品因素信度检验

项目	删除项后标度平均值	删除项后标度方差	修正后项与总计相关性	平方多重相关性	删除项后的 Alpha	标准化后的 Alpha
产品的展示效果	21.63	23.13	0.64	0.41	0.841	
生鲜水产品的品质	21.65	23.40	0.63	0.40	0.843	
包装方式和保鲜性能	21.62	22.36	0.70	0.50	0.832	
水产品种类多样性	21.68	23.15	0.62	0.40	0.843	0.861
水产品产地及原料	21.75	23.42	0.61	0.38	0.845	
安全认证与质量标准	21.67	23.19	0.63	0.43	0.842	
水产品品牌声誉	21.68	23.85	0.59	0.36	0.848	

表 5-3　平台因素信度检验

项目	删除项后标度平均值	删除项后标度方差	修正后项与总计相关性	平方多重相关性	删除项后的 Alpha	标准化后的 Alpha
网购平台价格竞争力	21.86	24.04	0.66	0.44	0.841	
网购平台的信誉和口碑	21.97	24.23	0.60	0.36	0.850	
网购平台支付安全性	21.86	24.30	0.65	0.44	0.842	
网购平台操作便捷性	21.81	23.83	0.66	0.44	0.841	0.864
网购平台信息保密性	21.83	24.55	0.60	0.38	0.849	
网购平台界面设计	21.97	24.48	0.60	0.38	0.848	
促销、折扣频率及力度	21.88	23.20	0.67	0.46	0.839	

表 5-4　售后因素信度检验

项目	删除项后标度平均值	删除项后标度方差	修正后项与总计相关性	平方多重相关性	删除项后的 Alpha	标准化后的 Alpha
配送速度及可靠性	20.69	23.98	0.63	0.41	0.846	
产品是否采用冷链物流	20.75	24.73	0.60	0.36	0.850	
用户评价及反馈	20.76	24.02	0.64	0.43	0.844	
退换货政策	20.68	23.64	0.68	0.47	0.839	0.864
服务质量与服务态度	20.76	25.03	0.58	0.35	0.853	
投诉处理机制	20.83	23.73	0.67	0.51	0.841	
售后速度及质保期长短	21.46	23.12	0.65	0.50	0.843	

表 5-5　信度分析结果汇总

维度	Cronbach's Alpha	项数	可信度
样本总体	0.922	21	内在信度极高
产品因素	0.861	7	内在信度较高
平台因素	0.864	7	内在信度较高
售后因素	0.864	7	内在信度较高

从结果中可以看出，三个维度删除各评价指标后的 Cronbach's Alpha 系数均低于标准化后的 Cronbach's Alpha 系数，且其值均处于较好的水平，反映为三个维度存在较高的内在信度；样本总体的 Cronbach's Alpha 系数达到了 0.922，高于三维度的 Cronbach's Alpha 系数值，反映为总体极高的内在信度，问卷样本可信度极高。

进一步对其进行效度分析。本次效度检验分析通过 SPSS 软件探索性因子分析方法实现检验过程，其分析结果如表 5-6 所示。

表 5-6　*KMO* 检验和巴特利特球形检验

KMO 检验取样适切性量数		0.941
巴特利特球形检验	近似卡方	2 723.213
	自由度	210
	显著性	0.000

KMO 值取值范围为 [0, 1]，越接近于 1，反映为变量进行因子分析效果越好。当其大于 0.9 时效果为最佳，0.7 以上可接受，若位于 0.5 以下则不宜做因子分析。根据上述探索性因子分析结果可以看出，*KMO* 检验系数为 0.941，其因子分析效果处于最佳水平。巴特利特球形检验显著性无限接近于 0，拒绝原假设，表明变量高度相关，反映为该例变量可为因子分析提供合理基础。

（三）差异性检验

差异性检验通过独立样本 t 检验、卡方检验及单因素方差分析等检验方法来研究变量不同维度上的差异状况。本次分析依据数据特性主要运用独立样本 t 检验及单因素方差分析进行差异性检验。独立样本 t 检验主要用于检验两组不相关的样本是否来自具有相同均值的总体；单因素方差分析主要用于检验单一控制变量影响下的多组样本的均值是否存在显著性差异。该方法基于各观测量来自相互独立的正态样本和控制变量不同水平的分组之间的方差相等的假设，将所有的方差划分为可以由该因素解释的系统性偏差部分和无法由该因素解释的随机性偏差。如果系统性偏差明显超过随机性偏差，则认为该控制因素取不同水平时因变量的均值存在显著差异。其中，独立样本 t 检验适用于分类变量数小于 3 的情况；当其大于等于 3，选用单因素方差分析进行检验。基于此，本文针对性别变量采用独立样本 t 检验进行差异性检验，而针对年龄、受教育程度、网购频次和生鲜水产品需求变量采用单因素方差分析。其分析结果如表 5 - 7 至表 5 - 11 所示。

表 5 - 7　各维度在性别上的差异分析结果

变量	性别	样本量	平均值	标准差	标准误差平均值	t 值	显著性
产品因素影响程度	男	161	25.49	5.26	0.42	0.700	0.484
	女	142	25.04	5.88	0.49		
平台因素影响程度	男	161	25.74	5.66	0.45	0.777	0.438
	女	142	25.23	5.67	0.48		
售后因素影响程度	男	161	24.56	5.74	0.45	0.782	0.435
	女	142	24.05	5.57	0.47		

表 5 - 8　各维度在年龄上的差异分析结果

变量	选项	样本量	平均值	标准差	F 值	显著性
产品因素影响程度	25 岁及以下	63	25.16	5.22	0.187	0.905
	26～40 岁	85	25.66	4.99		
	41～55 岁	70	25.06	6.45		
	55 岁以上	85	25.18	5.62		
平台因素影响程度	25 岁及以下	63	25.27	5.54	0.407	0.748
	26～40 岁	85	25.82	5.17		
	41～55 岁	70	25.87	5.87		
	55 岁以上	85	25.05	6.09		
售后因素影响程度	25 岁及以下	63	24.76	5.98	1.083	0.357
	26～40 岁	85	24.75	5.06		
	41～55 岁	70	23.29	5.65		
	55 岁以上	85	24.41	5.96		

表 5 - 9　各维度在受教育程度上的差异分析结果

变量	选项	样本量	平均值	标准差	F 值	显著性
产品因素影响程度	初中及以下	92	24.67	6.25	1.420	0.237
	高中	83	25.25	5.47		
	大学	97	26.15	4.81		
	研究生	31	24.42	5.68		
平台因素影响程度	初中及以下	92	25.34	5.71	0.340	0.796
	高中	83	25.84	6.09		
	大学	97	25.62	5.48		
	研究生	31	24.71	5.04		
售后因素影响程度	初中及以下	92	23.91	5.87	0.535	0.659
	高中	83	24.29	5.95		
	大学	97	24.88	5.44		
	研究生	31	23.87	4.94		

表 5 - 10　各维度在网购频次上的差异分析结果

变量	选项	样本量	平均值	标准差	F 值	显著性
产品因素影响程度	2 次及以下	49	24.69	5.71	1.212	0.306
	3～5 次	91	24.67	6.08		
	6～8 次	121	25.60	5.06		
	8 次以上	42	26.36	5.52		
平台因素影响程度	2 次及以下	49	24.45	6.54	1.255	0.290
	3～5 次	91	25.20	6.30		
	6～8 次	121	26.19	4.99		
	8 次以上	42	25.40	4.82		
售后因素影响程度	2 次及以下	49	22.92	6.90	1.533	0.206
	3～5 次	91	24.12	5.33		
	6～8 次	121	24.83	5.25		
	8 次以上	42	24.90	5.76		

表 5 - 11　各维度在生鲜水产品需求上的差异分析结果

变量	选项	样本量	平均值	标准差	F 值	显著性
产品因素影响程度	无需求	3	28.33	2.89	1.245	0.293
	较小需求	22	27.14	5.49		
	中等需求	113	25.21	5.46		
	较大需求	165	25.02	5.65		
平台因素影响程度	无需求	3	26.00	4.36	0.320	0.811
	较小需求	22	25.77	5.65		
	中等需求	113	25.09	5.85		
	较大需求	165	25.74	5.58		
售后因素影响程度	无需求	3	28.33	0.58	0.907	0.438
	较小需求	22	25.55	6.05		
	中等需求	113	24.22	5.78		
	较大需求	165	24.15	5.56		

从上述独立样本 t 检验和单因素方差分析结果可看出，影响消费者网购意愿的三个维度影响因素在性别、年龄、受教育程度、网购频次和生鲜水产品需求上的显著性水平均大于 0.05，反映为五组分类变量在三个维度上并无明显差异。

（四）相关性分析

相关性分析用于观测双变量之间的关联程度，通过对两个或多个具备相关性的变量元素进行分析，从而衡量两个变量因素的相关密切程度。本文采用 Pearson 相关系数以度量两个连续变量之间线性关系，各维度间相关性分析结果如表 5 - 12 所示。

表 5 - 12　各维度间相关性分析结果

变量	相关性	产品因素影响程度	平台因素影响程度	售后因素影响程度
产品因素影响程度	Pearson 相关性	1		
平台因素影响程度	Pearson 相关性	0.600**	1	
售后因素影响程度	Pearson 相关性	0.574**	0.531**	1

注：** 表示 $p < 0.01$，相关性为极其显著。

依据上述相关分析结果，各个变量在 99% 的显著性水平上均存在显著的相关性，且其相关系数均大于 0，反映为正相关。

三、基于 ERPs 方法的潜在认知机制假设

基于上述问卷调查结果发现，各维度影响因素对消费者生鲜水产品网购意愿均造成了一定程度的影响，但无显著维度差异，难以从统计分析角度提取显著变量信息。为了深入探究消费者在网络购物时在做出消费决策时的潜在认知机制，本文引入 ERPs 方法对其进行探究。考虑到产品的展示效果（图片静动态性）是消费者网购过程最直观的产品体验[92]，已有研究证实了图片仍然是解决线上交易中信息不对称的主要信息来源，然而鲜有研究关注生鲜电子商务中水产品图片呈现的影响。本文以产品的展示效果为例进行实证分析。

产品图片的研究一般以其生动性为研究视角切入，大体可将产品图片呈现分为动态呈现和静态呈现[93]。动态呈现是模拟物体的位置变化和旋转，呈现物体的移动[77-78]。静态呈现指静态和固定的物体。研究发现，产品图片的动态和静态呈现通过帮助消费者识别和判断物体的视觉属性，可以显著影响消费者的态度和行为[94-95]。一方面，与静态呈现的图片相比，动态图片可以增加消费者的注意力[96]，进而影响其对产品的满意度[97]；另一方面，动态图片通过帮助提高消费者的想象力和对产品的认知加工来改善产品评价[93]。基于此，本文提出生鲜电商中水产品的图片动态性可能会影响消费者的购买决策。

ERPs（Event-Related Potentials，事件相关电位）方法是神经科学和认知心理学领域的一个重要研究方法，用于研究人类大脑在特定事件、刺激或任务中产生的电生理反应。ERPs 理论的核心要点如下。一是事件相关电位（ERPs）。ERPs 是一种通过脑电图（EEG）记录来测量大脑在某个特定事件或刺激发生时的电生理反应。这些电位变化是在特定时间范围内通过平均多次重复的电脑记录获得的，以消除其他脑电活动的干扰。二是脑电波的时间分辨率。ERPs 方法的优势在于它具有高时间分辨率。这意味着研究者可以测量大脑对刺激的快速反应，从而获取有关信息处理过程的详细信息。三是"刺激-反应"关系。ERPs 方法允许将特定刺激（如不同产品特征）与大脑电位变化进行关联。通过研究不同刺激下的电位变化，可以推断出大脑对不同刺激的加工方式和认知过程。四是成分和波形。ERPs 反应通常由一系列不同的电位成分组成，这些成分与大脑对刺激的不同加工阶段相关。每个成分具有特定的时间窗口和电极分布，用于研究特定的认知过程。在本研究中，ERPs 方法被用

于消费者意愿影响因素分析，以揭示消费者对不同产品特征的认知和情感反应。

本文认为动态的产品形象会影响消费者对产品的评价。因此假设，在线上水产品的购买评价中，相较于动态图片，静态图片产生更大的认知控制，并诱发更大的 N2 振幅。换句话说，与静态图片相比，动态图片可以提高消费者的参与度和产品评价[98]。由于消费者期望鲜活水产品比冰鲜水产品更有活力且更具有动态性，假设鲜活和冰鲜水产品在 N2 成分的潜伏期上有显著差异。综上，当消费者在购买鲜活水产品时，页面上呈现的是静态图片可能会比动态图片产生更大的冲突，体现在更长的 N2 潜伏期。而在购买冰鲜水产品时，由于冰鲜水产品给消费者一种静态的感觉，该效应可能不会发生，体现在静动态图片产品之间 N2 潜伏期无差异。

LPP 为晚期加工的 ERPs 成分，与营销刺激物息息相关。LPP 成分一般在营销刺激呈现后 300~800 毫秒达到峰值[99]。大量研究证实，LPP 成分与情绪调节的认知过程有关[100-102]，其振幅越大，表明消费者的情绪唤醒程度越高[82]。为此，本研究认为 LPP 成分可以表征消费者后期评估阶段对产品图片的情绪调节过程，而动态图片水产品所诱发的 LPP 振幅可能高于静态图片产品。

综上所述，本文应用 ERPs 技术来探索消费者在网上购物时，在评估静态与动态呈现的水产品并做出消费决策时的潜在认知机制。本文认为水产品图片动态性可能会引起不同的大脑活动，并分别体现于 N2 和 LPP 振幅。

■ 第二节　基于 ERPs 方法的消费者意愿实证检验

一、实验被试

本文通过线上平台共招募了 30 名（其中 15 名女性）在校生，均来自宁波大学，年龄在 18~25 岁（均值为 20.53，标准差为 1.89）。所有被试均自我报告为右利手，母语为汉语，视力或矫正视力正常（佩戴合适度数的眼镜），无神经或精神疾病史。其中，2 名男性参与者的数据由于脑电伪迹过多而不计入正式统计。脑电伪迹并不是由大脑所生成的信号，包括眼球运动、肌源性、颤抖、抽鼻子和打嗝。为此，本次实验共有 28 名有效被试计入后续统计分析。每名被试在完成实验后均可获得 40 元的被试费。在正式实验开始之前，每名被试提前知晓 ERPs 实验流程并签署实验知情同意书，表示其自愿参与本实验。本实验流程遵循 1964 年赫尔辛基宣言及其伦理标准[103]，并通过宁波大学神经经济与神经管理学院内部审查委员会的核准。

二、实验材料

本研究采用了 2×2 的被试内设计。第一个因素是水产品类别，包括鲜活与冰鲜两个水平；第二个因素是水产品图片动态性，包括静态与动态呈现两个水平。第一个水产品类型的设置参照实际生鲜电商设置。在水产品图片动态程度的操控上，本文采用预实验筛选水产品。

预实验设置如下。首先，从某电商平台上下载了 60 张不同的水产品图片（包括常见的水产品类别，如鱼、虾、蟹）；其次，招募 32 名被试（均来自宁波大学，不参与脑电实验），要求他们对每张图片的动态程度进行评分；然后，筛选出动态程度最高（均值为 4.880，标准差为 0.367）和静态程度最高（均值为 3.422，标准差为 0.408）的产品图片各 20 张；最后，对这两组图片的动态性进行了配对 t 检验，结果显示它们之间存在显著差异 $[t(1,31)=11.508, p<0.001]$，证实实验材料筛选的有效性。

综上，本实验静态与动态水产品图片各有 20 张，通过 PS 软件对这些产品图片进行标准化处理（像素、背景颜色等进行统一）。为提高脑电实验的信噪比，对实验刺激材料进行了一定的重复。正式实验总共包含 160 个试次，为减少被试的疲惫以保障实验数据的质量，将其分为 4 个组块（block），每组块（block）各 40 个试次。

三、实验流程

在被试进入脑电实验室之前，被试需要先洗头发，洗净头皮表面的油脂。被试吹干头发后，实验人员请被试进入宁波大学神经经济管理学脑电实验室，该实验室隔音、隔光、隔磁。实验刺激呈现于由主试实验室计算机所控制的显示器（1 280×1 024 像素，60 赫兹）的中间。显示器放置距对象 100 厘米的位置，视角为 2.588°。实验人员提供予被试一个移动键盘以进行购买意愿的评分（初始值为 3，按 1 减少，按 3 增加，按 2 确认）。实验人员按照 ERPs 实验规范，为被试佩戴标准电极帽、粘贴相关记录电极和参考电极，并将导电膏灌注到电极帽上的每个电极点当中以降低头皮表面的阻抗。

在正式实验开始之前，向被试介绍整个实验流程及注意事项。其中，某一轮流程如图 5-2，每个试验开始于空白屏幕上的"＋"（600～800 毫秒），随后呈现被试将购买的产品类别（鲜活水产品或冰鲜水产品，1 500 毫秒）；接着，呈现空屏 400～600 毫秒；紧接着，水产品图片（静态或动态）呈现 1 500 毫秒；最后，被试将看到"请输入您的购买意愿"，看到该信息后，被试必须通过按键确定购买意愿（李克特量表）。实验过程中的注意事项包括要求参与者在正式实验过程中尽量减少眨眼和身体运动，休息时不要按键，坐等主试示意。所有刺激呈现、触发和反应记录均基于 E-Prime 3.0 心理学测试软件。在正式实验前，允许被试进行 8 次练习试次，以确保他们能够熟悉实验程序。

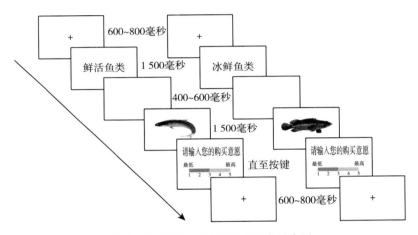

图 5 - 2　ERPs 实验中单个试次示意图

要求被试对 4 类水产品（鲜活-静态、鲜活-动态、冰鲜-静态和冰鲜-动态）购买意愿进行 1～5 分评分。整个实验过程实时记录被试的脑电图（EEG）。

四、实验数据记录与分析

脑电数据的记录通过 Neuroscan Synamp2 放大器，基于 Curry8 软件。其中，记录参数为带通 0.05～100 赫兹、采样率为 500 赫兹。根据国际 10 - 20 系统（图 5 - 3），在头皮部位放置了 64 个 Ag/AgCl 电极。参考电极位于左侧乳突，左眼上下放置了一对电极记录了垂直眼电图（EOG），另一对电极放置在距离侧眦 10 毫米处记录了水平眼电图。在所有电极阻抗低于 5 千欧以下后，开始记录 EEG 数据。

脑电数据的预处理在 Curry8 软件设备（步骤 1～8）与 Scan4.3（步骤 9～10）软件中进行，具体的处理流程如下：①合并脑电数据，由于脑电实验时间

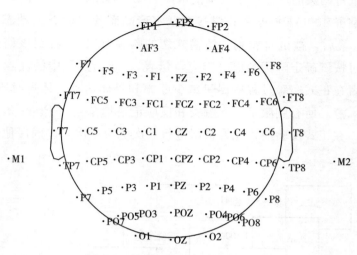

图 5-3　国际 10-20 系统电极分布

较长，为了让被试在实验过程中保持良好的精神状态，整个实验分 4 段进行，被试休息 3 次，因此首先进行数据的合并；②重参考的设置，选择 1/2 M2 电极电位的一半作为参考点进行重参考；③去伪迹，选择软件系统的 bad block 操作功能将波幅小于 -100 微伏与大于 100 微伏的数据片段剔除，以保证数据质量；④滤波，滤波可以过滤杂质和有干扰的数据，达到降噪的效果，本实验采用低通 30 赫兹进行滤波；⑤去眼电，在进行脑电实验中，被试者的眨眼是不可避免的，但由于脑电数据较为敏感，眨眼作为干扰，会影响头皮表面的脑电波，为了进一步降噪去除干扰，需要以垂直眼电为参考，直接通过软件剔除眨眼对数据的影响；⑥截取脑电时间段，并根据实验设置，以产品出现和反馈结果出现前 200 毫秒到出现后 800 毫秒作为脑电分析的时间段；⑦基线矫正，将刺激材料出现前的 200 毫秒定义为数据的基线，基线矫正的目的是脑电数据在基线上下波动，便于不同情况进行对比；⑧叠加平均，对单个被试的每个情况（鲜活-静态、鲜活-动态、冰鲜-静态、冰鲜-动态）下所有有效试次数据进行叠加后平均，因此，每个被试的每个情况都会生成一个平均文件；⑨被试间叠加，将所有被试同种情况的平均数据进行进一步叠加，得到群体层面的数据；⑩成分的提出并统计分析，根据对脑电成分的相关文献总结，首先确定本研究中的成分、时间窗及电极点，然后进行下一步统计分析。

　　基于 Picton 等提出的脑电分析指南，确定水产品图片出现后 220～320 毫秒和 200～400 毫秒分别为 N2 的平均振幅和潜伏期，选择额叶区域的 6 个电极（F1、FZ、F2、FC1、FCZ 和 FC2）用于 N2 成分的统计分析[104]。因此，对 N2 成分的振幅与潜伏期分别进行 2 种产品类别（鲜活与冰鲜）×2 种图片动态（静态与动态）×6 个电极（F1、FZ、F2、FC1、FCZ 和 FC2）重复测量方差分析。类似地，对于 LPP 成分，选择产品图片出现后 520～620 毫秒和 500～700 毫秒时间窗口内的平均振幅和潜伏期以及中央顶叶区域的六个电极（CP1、CPZ、CP2、P1、PZ 和 P2）。使用 2 种产品类别（新鲜与冷冻）×2 种图片动态（静态与动态）×6 个电极（CP1、CPZ、CP2、P1、PZ 和 P2），对 LPP 振幅和潜伏期进行重复测量方差分析。当巴特利特球形检验被违反时，应用了 Greenhouse-Geisser 校正[105]。当交互效应显著时，将进行简单的效应分析。

■ 第三节　基于 ERPs 方法的消费者意愿数据分析

一、行为数据分析

在行为层面上，本实验分析的是被试对于水产品的购买意愿。本文采取 2（水产品类别为鲜活或冰鲜）×2（图片动态为静态或动态）重复测量方差分析。结果显示，水产品类别的主效应 $[F(1, 27)=16.675, p<0.001, \eta^2=0.382]$ 及图片动态的主效应显著 $[F(1, 27)=16.297, p<0.001, \eta^2=0.376]$。结果表明，鲜活水产品的购买意愿（均值=3.158，标准误=0.081）显著高于冰鲜水产品（均值=2.721，标准误=0.068），而动态图片的平均购买意愿（均值=3.129，标准误=0.072）高于静态图片（均值=2.750，标准误=0.069）。水产品类别和图片动态之间的交互作用同时也显著 $[F(1, 27)=12.622, p=0.001, \eta^2=0.319]$。为此，本文进一步进行简单效应分析，以确定在固定产品类别下，不同图片动态类型的影响。在鲜活水产品情况下 $[F(1, 27)=23.802, p<0.001, \eta^2=0.469]$，动态图片（均值=3.405，标准误=0.101）水产品的购买意愿显著高于静态图片（均值=2.911，标准误=0.090）。在冰鲜水产品条件下 $[F(1, 27)=7.373, p=0.011, \eta^2=0.215]$，静态图片（均值=2.589，标准误=0.081）水产品的购买意愿显著低于动态图片（均值=2.854，标准误=0.086）。行为结果如图 5-4 与表 5-13 所示。另外，每个被试在 4 类情况下的购买意愿如表 5-14 所示。

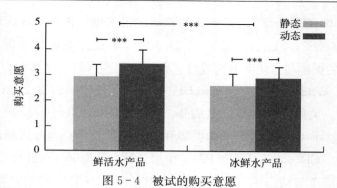

图 5-4 被试的购买意愿

注：4类水产品（鲜活-静态、鲜活-动态、冰鲜-静态和冰鲜-动态）的购买意愿，*** $p<0.001$，** $p<0.01$，* $p<0.05$。

表 5-13 不同类别水产品的购买意愿均值与标准误（$n=28$）

水产品类别	鲜活		冰鲜	
	均值	标准误	均值	标准误
动态图片	3.405	0.101	2.854	0.086
静态图片	2.911	0.090	2.589	0.081

表 5-14 每个被试在不同情况下的购买意愿得分

被试号	鲜活-动态	鲜活-静态	冰鲜-动态	冰鲜-静态
1	3.05	2.38	3.03	2.35
2	3.25	2.80	3.25	2.93
3	3.15	2.23	3.05	2.25
4	3.73	2.08	3.53	2.20
5	3.45	3.25	3.20	3.15
6	3.08	2.68	3.03	2.65
7	4.08	3.50	3.30	2.68
8	3.63	2.33	3.23	2.18
9	2.85	2.28	2.68	2.33
10	3.85	3.10	3.50	2.95
11	3.18	3.20	2.33	2.35
12	3.98	3.33	3.25	2.65
13	3.55	2.85	2.95	2.18
14	3.38	2.50	2.60	2.08
15	3.30	2.83	2.10	2.23
16	3.35	2.60	3.35	2.75
17	4.43	3.80	1.83	2.03
18	3.23	3.15	3.10	3.25
19	2.53	2.93	2.60	2.83

（续）

被试号	鲜活-动态	鲜活-静态	冰鲜-动态	冰鲜-静态
20	2.40	2.88	2.40	2.93
21	4.10	3.55	3.20	2.85
22	3.30	3.50	3.25	3.23
23	3.83	3.40	2.70	2.63
24	3.58	2.35	2.58	1.73
25	3.33	2.50	2.58	3.28
26	2.05	2.88	2.33	3.15
27	4.05	3.58	2.13	2.15
28	3.70	3.10	2.88	2.60

二、脑电数据分析

（一）N2 结果

根据前文所述的脑电分析方法，本文对 N2 的不同情况下的振幅进行 2（水产品类别为鲜活或冰鲜）×2（图片动态为静态或动态）×6（电极点为 F1、FZ、F2、FC1、FCZ 和 FC2）重复测量方差分析。N2 成分分析所选取的电极点位置分布如图 5-5 所示。

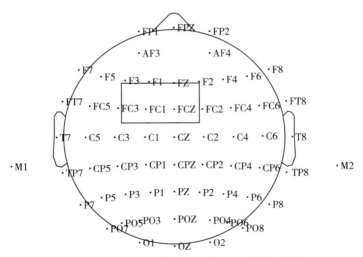

图 5-5　N2 成分分析所选取的电极点位置分布

重复测量方差分析结果显示，水产品类别的主效应 $[F(1，27) < 1，p > 0.1，\eta^2 < 0.1]$、其与图片动态之间的交互效应 $[F(1，27) < 1，p > 0.1，\eta^2 < 0.1]$ 不显著。而水产品的图片动态性的主效应显著 $[F(1，27) = 45.735，$

$p<0.001$，$\eta^2=0.629$]。该主效应结果表明，静态水产品（均值$=-3.044$微伏，标准误$=0.993$）比动态水产品（均值$=-1.153$微伏，标准误$=1.047$）诱发了更大的 N2 幅值（N2 负极性：电压值越小表示幅值越大），如图 5-6a 所示。

本文对 N2 成分的潜伏期进行了 2 种水产品类别（鲜活或冰鲜）×2 种图片动态（静态或动态）×6（电极点：F1、FZ、F2、FC1、FCZ 和 FC2）重复测量方差分析。水产品类别 [$F_{(1, 27)}<1$，$p>0.1$，$\eta^2<0.1$] 与图片动态性 [$F_{(1, 27)}=2.051$，$p=0.164$，$\eta^2<0.1$] 的主效应不显著。但重要的是，水产品类别和图片动态之间存在显著的交互作用 [$F_{(1, 27)}=4.774$，$p=0.038$，$\eta^2=0.150$]。随后的简单效应分析结果显示，对于鲜活水产品 [$F_{(1, 27)}=5.169$，$p=0.031$，$\eta^2=0.161$]，静态图片（均值$=310.129$毫秒，标准误$=7.776$）比动态图片的水产品（均值$=289.024$毫秒，标准误$=10.308$）诱发了更长的 N2 潜伏期。而对于冷冻产品，静态和动态图片水产品之间的 N2 潜伏期无显著差异 [$F_{(1, 27)}<1$，$p>0.1$，$\eta^2<0.1$]，如图 5-6b 所示。N2 的均值结果如表 5-15 所示。

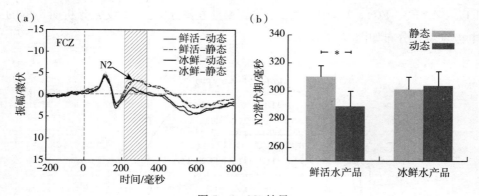

图 5-6　N2 结果

注：图（a）为 4 种水产品类别（鲜活-静态、鲜活-动态、冰鲜-静态和冰鲜-动态）在 FCZ 电极点的平均 ERPs 波形，阴影区域表示用于统计分析的 N2（220～320 毫秒）时间窗。图（b）为 4 种水产品类别之间的 N2 潜伏期；*** $p<0.001$，** $p<0.01$，* $p<0.05$。

表 5-15　不同类别水产品的 N2 振幅与潜伏期均值与标准误（$n=28$）

水产品类别	鲜活				冰鲜			
	N2 振幅均值	N2 振幅标准误	N2 潜伏期均值	N2 潜伏期标准误	N2 振幅均值	N2 振幅标准误	N2 潜伏期均值	N2 潜伏期标准误
动态图片	-1.219	0.993	289.024	10.308	-1.087	1.134	303.857	9.910
静态图片	-3.133	0.937	310.129	7.776	-2.955	1.083	301.619	8.051

（二）LPP 结果

本文对各个情况 LPP 振幅进行 2（水产品类别为鲜活或冰鲜）×2（图片动态为静态或动态）×6（电极点为 CP1、CPZ、CP2、P1、PZ 和 P2）重复测量方差分析，LPP 成分分析的电极点位置如图 5-7 所示。水产品类别 $[F(1, 27) < 1, p > 0.1, \eta^2 < 0.1]$ 的主效应、其与图片动态之间的交互效应 $[F(1, 27) < 1, p > 0.1, \eta^2 < 0.1]$ 显著。此外，图片动态性的主效应显著 $[F(1, 27) = 5.189, p = 0.031, \eta^2 = 0.161]$，该结果表明动态图片（均值 = 8.075 微伏，标准误 = 0.836）比静态图片条件（均值 = 7.050 微伏，标准误 = 0.841）诱发了更大 LPP 振幅，如图 5-8a 所示。

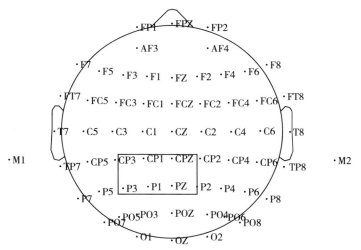

图 5-7　LPP 成分分析所选取的电极点位置分布

类似地，本文对 LPP 潜伏期同样进行 2（水产品类别为鲜活或冰鲜）×2（图片动态为静态或动态）×6（电极点为 CP1、CPZ、CP2、P1、PZ 和 P2）重复测量方差分析。结果表明，水产品类别 $[F(1, 27) = < 1, p > 0.1, \eta^2 < 0.1]$ 主效应、其与图片动态之间的交互效应 $[F(1, 27) = < 1, p > 0.1, \eta^2 < 0.1]$ 显著。而图片动态性的主效应显著 $[F(1, 27) = 9.716, p = 0.004, \eta^2 = 0.265]$，表明动态图片的水产品（均值 = 586.256 毫秒，标准误 = 11.364）比静态图片的（均值 = 561.887 毫秒，标准误 = 11.490）具有更长的 LPP 潜伏期，如图 5-8（b）与表 5-16 所示。表 5-17 总结了本研究的行为和 ERPs 结果。

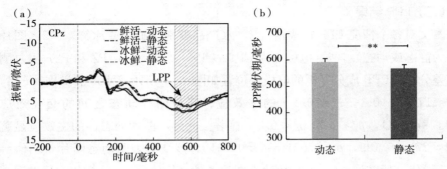

图 5-8 LPP 结果

注：图（a）为 4 种水产品类别（鲜活-静态、鲜活-动态、冰鲜-静态和冰鲜-动态）在 CPZ 电极点的平均 ERPs 波形，阴影区域表示用于统计分析的 LPP（520~620 毫秒）时间窗。图（b）为 4 种水产品之间的 LPP 潜伏期；*** $p<0.001$，** $p<0.01$，* $p<0.05$。

表 5-16 不同类别水产品的 LPP 振幅与潜伏期均值与标准误（$n=28$）

水产品类别	鲜活水产品				冰鲜水产品			
	LPP 振幅均值	LPP 振幅标准误	LPP 潜伏期均值	LPP 潜伏期标准误	LPP 振幅均值	LPP 振幅标准误	LPP 潜伏期均值	LPP 潜伏期标准误
动态图片	8.059	0.842	650.964	9.794	8.090	0.868	633.333	11.274
静态图片	7.016	0.875	630.333	11.785	7.085	0.846	629.167	11.461

表 5-17 本研究的行为和 ERPs 结果

行为结果（购买意愿）		水产品类别-主效应		鲜活＞冰鲜
		图片动态性-主效应		动态＞静态
		交互效应	鲜活水产品	动态＞静态
			冰鲜水产品	动态＞静态
ERPs 结果	N2	N2 振幅	水产品类别-主效应		N/A
			图片动态性-主效应		静态＞动态
			交互效应	N/A	
		N2 潜伏期	水产品类别-主效应		N/A
			图片动态性-主效应		N/A
			交互效应	鲜活水产品	静态＞动态
				冰鲜水产品	N/A
	LPP	LPP 振幅	水产品类别-主效应		N/A
			图片动态性-主效应		动态＞静态
			交互效应	N/A	
		LPP 潜伏期	水产品类别-主效应		N/A
			图片动态性-主效应		动态＞静态
			交互效应	N/A	

注：N/A 指该效应不显著。

■ 第四节　基于 ERPs 方法的消费者意愿结果讨论

本文采用 ERPs 方法，通过水产品的图片动态性（静态或动态）视角探讨了消费者对不同类别水产品（鲜活或冰鲜）的行为反应与其相关的神经认知过程。其中，行为数据包括消费者的购买意愿，脑电数据包括不同认知过程的 N2 与 LPP 成分。在行为上，被试对鲜活水产品的购买意愿显著高于冰鲜水产品，该研究结果与之前更喜欢购买新鲜水产品的研究结论一致[106-107]。本研究进一步从图片动态性上，发现图片为动态的水产品购买意愿高于图片为静态的，并且鲜活水产品情况下，消费者对动态图片的偏好显著高于冰鲜水产品情况。

在大脑层面，本文发现了加工水产品图片信息的早期成分：N2 成分。一方面，本文发现静态图片的水产品比动态图片的会诱发更大的 N2 振幅；另一方面，本文同样发现了不同水产品类别下的 N2 潜伏期差异。鲜活水产品情况下，静态的水产品图片比动态的诱发了更长的 N2 潜伏期；而冰鲜水产品情况下，静态的水产品图片和动态的之间在 N2 潜伏期上没有显著差异。如前所述，更大的 N2 振幅和更长的潜伏期表明，该情况下所引起的冲突更大，N2 的结果证实了静态水产品的图片使得消费者产生更大的冲突，该结果也从神经层面上验证了行为结果。

已有研究关注图片动态性对于消费者感知与行为的影响，证实了图片动态性可以增加消费者的卷入度和感知运动，进而影响消费者对该产品的评价。学者认为该现象可以解释人们通过想象感知静止的线条并联想至运动的连续性[96]。认知神经科学证据证实了这一点，即观察动作和想象运动会激活与真实运动相同的大脑区域[108-111]。由此可以看出，即使没有实际运动，通过图片传递的动态感也使得大脑能感知运动，该效果的产生源自消费者在以往经验中存有该物品运动，于是动态图片同样使得原先记忆得以继续该产品运动[112]。因此，大脑中感知运动对行为的影响可能类似于实际运动。当前研究中，消费者固有记忆表明鲜活水产品比冰鲜水产品更为灵动，故使得消费者对鲜活水产品的动态偏好效应更强。

在晚期加工阶段，本文发现动态水产品图片的 LPP 振幅高于静态水产品图片的 LPP 振幅。如引言所述，LPP 振幅反映了消费者对营销刺激的情绪唤醒程度，该结果表明动态水产品图片比静态水产品图片更能唤醒消费者情绪。

以往研究同样证实了图片动态性可以提高消费者参与度[113-114]，并唤起他们的积极情绪[115]。

本章探究了消费者对不同类别水产品图片动态性的行为意愿，并进一步应用 ERPs 技术揭示其认知与情绪加工过程。行为层面上，被试对动态图片的水产品购买意向显著高于静态图片的。在神经层面上，发现动态图片使得消费者产生了较少的认知冲突（体现于较小的 N2 振幅），并进而诱发消费者的积极情绪（体现于较大的 LPP 振幅），此效应在鲜活水产品尤为显著。具体而言，本文发现相较于静态水产品图片，动态的水产品图片产生的认知冲突较少，并能够诱发消费者的积极情绪（反映于更高的 N2 振幅和更少的 N2 潜伏期，及更高的 LPP 振幅）。尽管图片动态性仅仅增加了其感知运动的程度，但在内在层面上，图片动态性进一步诱发了消费者对产品的积极情绪，使其产生更大的购买意愿。现有研究结论突出了神经科学方法在揭示消费者感知产品价值上的认知和情感效应。本文结果进一步表明，尽管图片是静态的，但其动态性可以增加了消费者的感知运动，进而诱发消费者对水产品的积极情绪，使其产生更大的购买意愿。本文进一步强化了认知神经科学方法在揭示消费者的（隐性）认知和情绪方面的价值。

在本章中，通过使用 ERPs 方法对消费者生鲜水产品网购意愿的影响因素进行研究，深入探讨了消费者在购买生鲜水产品时的意愿和决策过程。通过对大量的消费者数据进行分析，得出了一系列重要结论，这些结论对于了解消费者在生鲜水产品网购中的意愿和行为具有重要意义。在本章中，首先介绍了 ERPs 方法的基本概念和应用原理，解释了如何通过分析消费者的大脑反应来揭示其对不同因素的偏好。随后，详细描述了研究设计和数据收集过程，包括实验设置、参与者招募以及 ERP 信号的记录和分析方法。通过 ERPs 方法的应用，得出了一系列有关消费者意愿的重要结论。

综合而言，本章的研究为了解消费者在生鲜水产品网购中的意愿和决策提供了重要的见解。通过 ERPs 方法的应用，为电商平台供应商优选提供了有价值的信息，以优化其产品推广、定价和市场策略。这些研究结果为后续章节的分析和决策提供了重要基础，也对生鲜水产品电商平台供应商优选的研究提供了深入的理论支持。

第六章
生鲜水产品电商竞争对手分析：
网购行为及决策研究

　　考虑到生鲜水产品市场通常存在激烈的竞争，各家商家采取不同的定价和促销策略。本文将消费者视为一个参与者，他们的目标是购买到新鲜、优质、价格合理的生鲜水产品；平台为另一个参与者，它的目标是从交易中获取利润，并为消费者提供高效、安全、方便的交易环境；政府为第三个参与者，其目标是保障公众健康和安全，规范市场秩序，维护消费者权益。通过演化博弈方法，模拟和分析不同商家之间的竞争策略，以及消费者如何根据市场信息和其他消费者的选择来调整自己的购买行为。

■ 第一节　演化博弈理论

　　演化博弈理论通常涉及博弈论与生物学原理的结合，用于研究在漫长的时间尺度内，策略在种群中是如何随着时间和代际而演化的。演化博弈理论用于分析多个参与者之间的互动，特别是在动态环境下的决策。演化博弈方法用于分析消费者在电商平台上的行为，这涉及消费者之间的竞争、合作、适应和学习。通过这一方法，可以研究消费者在不同市场环境下的策略选择和决策动态。演化博弈理论是一种应用于研究群体行为和策略互动的数学工具，主要用于分析多个参与者在不断变化的环境中如何做出决策和调整策略。在本文中，演化博弈方法将帮助分析消费者在不确定竞争环境下的行为，以探究消费者之间的竞争、合作、策略选择和学习过程，从而预测在不断变化的市场环境中消费者行为的动态演化。通过将演化博弈理论与其他研究方法结合使用，可以更全面地解析电商平台上消费者行为的特征和趋势，以揭示在不确定竞争环境下消费者之间的竞争、合作和策略调整，为供应商的优选分析提供深入的见解。

一、演化博弈理论的基本概念

演化博弈理论是博弈论与进化生物学相结合的一个分支，主要关注策略的演化过程。在经典博弈论中，参与者根据其个人最优策略做出决策，但演化博弈理论考虑的是种群中不同策略的频率如何随时间变化。演化博弈理论主要包含以下要素。

一是博弈策略：在演化博弈中，策略是参与者在特定情况下可选择的行动方式，如合作、竞争等。博弈策略是参与者在面对特定情境时可以采取的行动或决策方式。演化博弈关注的是不同策略在种群中的频率随时间如何演化，而不是某一特定时间点的决策结果。参与人的策略可以是合作，即参与者愿意与其他参与者合作，以达到共同利益，带来长期的稳定性；可以是背叛，即参与者追求个人利益，而不考虑其他人的利益。背叛可能会带来短期内的个人收益，但在长期内可能会导致不稳定的结果；可以是混合策略，即参与者可能会选择多个不同的策略以一定概率进行混合，以更好地应对复杂的博弈情境；可以是仿效，即参与者可能会采用仿效的策略，模仿其他成功的策略或参与者的决策，以获得类似的利益；可以是创新，即参与者试图通过引入新的策略或行为方式来改变博弈的规则或动态，以获得更好的结果；可以是适应，即参与者可能会根据自身经验和环境变化来调整策略，以适应不断变化的情境；可以是随机策略，即参与者可能会随机选择策略，无论其他参与者采取什么策略，以增加不可预测性。

二是支付矩阵：在演化博弈中，支付矩阵是一种表示不同参与者在不同策略下获得支付或效用的矩阵，展示了不同策略下参与者的支付或效用。它描述了参与者如何在不同策略下获得奖励或受到惩罚。每个参与者的支付取决于他们自己的策略以及其他参与者的策略，支付矩阵是用来描述这种关系的工具。支付矩阵通常用于博弈论中，结合进化生物学的思想，分析不同策略在种群中如何演化。支付矩阵通常是一个二维矩阵，其中，行表示一个参与者的策略，列表示另一个参与者的策略。每个单元格中的数值表示在特定情况下两个参与者采取相应策略时的支付或效用。支付可以是正数、负数或零，代表不同策略带来的不同收益或成本。支付矩阵在演化博弈中起着重要作用，它可以用来分析不同策略在种群中的演化趋势。通过计算不同策略的平均支付，可以确定哪些策略在演化过程中可能会趋于稳定。支付矩阵也可以用来研究博弈中的动态平衡和稳定策略的选择。

三是遗传算法：演化博弈中，遗传算法用于模拟自然选择的过程。较适应性的策略更有可能被保留下来并传递给后代。演化博弈中的遗传算法是一种模拟自然选择和遗传机制的计算方法，用于研究博弈中不同策略在种群中如何演化。遗传算法结合了生物学中的遗传概念，如变异、交叉和选择，以及博弈论的思想，用于模拟策略的演化过程。遗传算法通常涉及以下步骤。

（1）初始化种群。随机生成一组初始策略，形成一个种群。每个策略用基因表示，基因可以是数字、字符串等。

（2）评估支付。使用支付矩阵评估每个策略在种群中的支付或效用。这相当于在博弈中计算每个参与者在不同策略下的支付。

（3）选择。根据每个策略的支付，采用选择操作来选择父代策略。支付更高的策略有更大的概率被选中，类似于自然界中适应性更高的个体更有可能繁殖。

（4）交叉。选择的父代策略通过交叉操作生成新的子代策略。交叉操作可以从父代策略中随机选取部分基因，生成新的策略。

（5）变异。在交叉后，对新生成的子代策略进行变异操作。变异操作随机地改变策略的某些基因，引入新的多样性。

（6）更新种群。将生成的子代策略替代原来的父代策略，形成新的种群。

（7）重复演化。重复执行选择、交叉和变异步骤，模拟多代策略的演化。随着代数的增加，种群中的策略可能会逐渐趋于稳定，收敛到一些特定的策略。

通过模拟自然选择和遗传机制，遗传算法能够帮助了解在特定支付矩阵下，不同策略如何在种群中演化，以及哪些策略在长期内可能会趋于稳定。这种方法可以用于研究不同演化动态下的博弈结果，以及演化过程中的变化和趋势。当涉及演化博弈和遗传算法时，考虑将博弈论和生物学原理结合起来，用以探索不同策略在种群中如何随时间演化的现象。这一方法在解释和预测行为演化方面具有深远的影响，不仅在经济学中，还在生物学、社会学、计算机科学等领域中发挥着重要作用。遗传算法作为一种重要的数值优化方法，在模拟自然选择、遗传变异和适应性进化的过程中，为研究者提供了一种强大的工具来分析博弈中策略的演化。这种方法的应用具有多重优势：

（1）模拟现实。遗传算法通过模拟自然界的进化过程，能够更真实地反映参与者策略在种群中的演化。这对于分析博弈的长期影响和趋势具有重要意义。

（2）灵活性。遗传算法允许研究者调整选择、交叉和变异的参数，以模拟不同的演化机制和情景。这种灵活性使得研究者可以更好地适应不同的研究问题。

（3）演化动态。通过多代演化，遗传算法能够展现策略的演化动态。这对于理解不同策略之间的竞争、合作和适应性变化至关重要。

（4）非线性问题。遗传算法适用于复杂的非线性问题，尤其在涉及多个策略和多个参与者的情况下。它可以揭示策略之间的相互作用和演化路径。

（5）深度洞察。通过研究策略在种群中的演化轨迹，研究者能够深入理解稳定策略、创新策略和适应性策略之间的相互作用及其动态关系。

虽然遗传算法在研究演化博弈中具有许多优势，但也需要注意其局限性。算法的效率、参数的选择以及对初始种群的依赖性等都是需要考虑的因素。此外，遗传算法在处理复杂博弈情境时可能面临计算复杂性的挑战。总之，演化博弈和遗传算法的结合提供了一个强大的工具，可以深入研究策略在不断变化的环境中如何演化。这不仅有助于理论探索，还可以在实际决策制定和市场预测中提供有益的洞察。

综上所述，参与人的博弈策略具有高度的不确定性，其决策过程处于不确定的竞争环境之中。在演化博弈中，不同的博弈策略之间的选择将影响参与者的支付和效用，进而影响策略的演化过程。演化博弈的关键是分析不同策略之间的动态平衡和变化趋势，以了解在种群中不同策略如何随时间演化。

二、演化博弈理论在经济学中的应用

演化博弈理论在经济学领域中有着广泛的应用，它提供了一种深入理解经济现象和行为演化的框架，尤其在研究复杂动态系统、市场竞争和社会合作等方面。这有助于预测市场中各种策略的最终结果。演化博弈理论在经济学中的主要应用领域可归纳如下。

1. 市场竞争与垄断 演化博弈理论可以用来分析市场中不同企业之间的竞争策略，以及在不断变化的市场环境中不同市场结构的演化。它还可以研究垄断者如何调整策略以保持市场支配地位。在市场竞争方面，演化博弈理论可用于分析多家企业之间的定价竞争，研究不同定价策略如何在市场中演化为均衡状态，通过模拟企业策略的变化，洞察市场均衡价格和利润的动态；在市场竞争中参与者的信息不完全可能会影响策略选择，演化博弈理论可以研究信息的传递和演化过程，以及信息不对称对市场均衡的影响；同时，在创新驱动的市场竞争中，企业可能会采取不同的技术创新策略，演化博弈理论可以模拟不同技术的演化路径，帮助分析市场上技术竞争的结果。在市场垄断方面，在垄断市场中演化博弈理论可以分析垄断者的定价策略如何受到市场需求和竞争反应的影响，通过模拟市场对不同定价的反应，可以洞察垄断者的收益和市场份额；其次，垄断企业可能会通过技术创新来维持其市场地位，演化博弈理论可以研究创新与市场壁垒之间的关系，以及创新策略在垄断市场中的演化路径；在反垄断政策制定中，演化博弈理论可以帮助分析不同政策的影响，预测垄断市场中可能的演化动态，并评估政策的效果。综上所述，演化博弈理论在市场竞争与垄断研究中有着广泛的应用。它能够深入探讨市场参与者策略的动态演化、均衡的形成过程以及不同策略之间的相互作用，为理解市场行为、预测市场演化以及制定合适的政策提供了有力的工具。

2. 消费者行为与市场共演化　演化博弈理论可以用来研究消费者在面对不同市场策略时的购买行为的演化。它有助于揭示消费者如何根据市场动态和其他消费者的行为来调整自己的选择。演化博弈理论在消费者行为与市场共演化研究中的应用，能够帮助更深入地理解消费者的购买决策、市场份额分配及品牌选择等行为，同时揭示这些行为如何与市场竞争和演化相互影响。实际应用上，在品牌竞争与演化方面，演化博弈理论可以用于分析不同品牌之间的竞争，研究消费者如何根据品牌的声誉、价格和质量等因素进行选择，通过模拟消费者策略的演化，洞察市场中品牌的竞争格局以及品牌声誉的演化路径；在产品创新和差异化方面，消费者在购买决策中可能会考虑产品的特性、性能和创新程度，演化博弈理论可以分析不同产品特性的演化过程，揭示消费者对创新和差异化的偏好如何影响市场竞争和演化；在消费者忠诚度与市场份额方面，演化博弈理论可以探讨消费者如何根据过去的购买经验和反馈来调整自己的品牌选择策略，以及这种策略演化如何影响品牌市场份额；在宣传和广告策略方面，演化博弈理论可以分析不同广告策略的演化路径，以及广告对消费者品牌认知和选择的影响；在社会网络与信息传播方面，演化博弈理论在社交网络中的应用可以研究信息在网络中的传播和演化，消费者之间的社交联系如何影响购买决策和品牌选择，以及这些关系如何随着时间演化。综上所述，演化博弈理论在消费者行为与市场共演化研究中能够提供深刻的洞察。它不仅有助于理解消费者购买决策的动态性和复杂性，还可以揭示市场竞争、品牌差异化及信息传播等因素如何相互作用，从而为市场营销和产品策略的制定提供更准确的指导。

3. 金融市场与投资策略　演化博弈理论可以应用于金融市场中，研究投资者和交易者如何根据市场信息和其他参与者的行为来调整投资策略。它可以用来解释市场波动、价格走势等现象。演化博弈理论在金融市场与投资策略研究中的应用，有助于更好地理解投资者行为、市场波动以及不同投资策略的演化。实际应用上，在投资者行为与市场波动方面，演化博弈理论可以用于分析投资者在金融市场中的行为演化，探讨不同投资者的交易策略如何随时间变化，这有助于理解市场波动的根源，包括投资者情绪、信息传播和策略的相互作用等；在技术分析与趋势预测方面，技术分析是金融市场中常用的一种分析方法，演化博弈理论可以应用于分析不同技术指标和趋势线的演化过程，通过模拟投资者对技术信号的反应，预测市场趋势的演化路径；在市场套利与风险管理方面，演化博弈理论可以用来分析不同投资策略的演化路径，包括套利策略和风险管理策略，投资者如何根据市场情况和风险偏好来调整投资组合，以及这些策略如何在市场中演化，都是可以研究的问题；在投资者类型与市场动态方面，演化博弈理论可以分析不同投资者类型在市场中的演化动态，如长期投资者、短期投机者和套利者等，这有助于理解不同投资者对市场波动的贡献以及市场稳定性的影响；在金融创新与市场变化方面，金融市场中不断涌现的金融工具和产品可能影响投资者的行为和策略，演化博弈理论可以用来分析金融创新如何改变市场竞争格局，以及不同投资者如何对新产品做出反应。综上所述，演化博弈理论在金融市场与投资策略研究中的应用提供了更深入的视角。它不仅能够揭示投资者行为的动态特征和市场波动的原因，还可以帮助分析不同投资策略的演化路径，为投资决策、风险管理和市场监管提供更有力的分析工具。

4. 社会合作与共享资源管理　在研究共享资源管理、环境保护等领域，演化博弈理论可以分析个体之间的合作策略如何随时间演化，以及如何在有限资源下达到均衡。演化博弈理论在社会合作与共享资源管理研究中的应用，有助于理解个体如何通过合作和制度安排来实现资源的可持续利用，以及社会合作如何随着时间演化。实际应用上，在共享资源管理与演化均衡方面，个体需要权衡短期利益和长期可持续性，演化博弈理论可以分析不同个体的决策如何影响资源的可持续利用，通过模拟不同合作策略的演化路径，可以揭示资源管理的均衡状态；在社会规范与合作奖励方面，演化博弈理论可以用来分析社会规范如何影响合作行为的演化，如合作行为是否能够得到其他个体的认可和奖励，从而鼓励更多人参与合作；在制度设计与社会合作方面，演化博弈理论可以分析不同制度安排对合作行为的影响，以及这些制度如何随着时间演化；在共享经济与社会网络方面，共享经济平台中的合作行为和资源共享通过演化博弈理论来研究个体如何根据合作伙伴的信誉和贡献来选择合作，以及合作网络如何随着时间变化，都具有探讨价值；在环境保护与可持续发展方面，演化博弈理论也可以应用于环境保护和可持续发展领域，个体在环境保护决策中需要权衡自身利益和全局利益，通过分析不同环境保护策略的演化过程，可以揭示环境资源管理的动态。综上所述，演化博弈理论在社会合作与共享资源管理研究中提供了有价值的工具。它能够帮助理解个体如何通过合作来实现资源可持续利用，揭示合作行为的演化动态，为社会合作的制度设计和资源管理提供更加深入的分析和指导。

5. 创新与技术进步 演化博弈理论可以用来研究企业在创新领域的竞争策略，以及技术如何随时间演化，对市场和产业结构的影响。演化博弈理论在创新与技术进步研究中的应用，帮助更深入地理解创新的动态过程、技术竞争的演化以及创新策略的变化。实际应用上，在创新策略与技术竞争方面，创新是推动经济增长和社会进步的重要引擎，演化博弈理论可以用于分析不同企业、研究机构或个体之间的创新策略，通过模拟创新策略的演化路径，洞察技术竞争的动态和创新策略的变化；在技术路径选择与演化方面，技术路径的选择对于企业和产业的发展至关重要，演化博弈理论可以分析不同技术路径的演化动态，以及技术路径选择对市场竞争和技术进步的影响；在知识传播与合作创新方面，演化博弈理论可以用来分析知识在网络中的传播过程，以及个体如何选择合作伙伴来共同创新；在技术标准与产业发展方面，技术标准在产业发展中具有重要作用，演化博弈理论可以研究不同技术标准的竞争与演化，以及技术标准的选择如何影响产业发展和技术创新；在创新政策与战略方面，政府和组织通常会采取不同的创新政策和战略来促进技术进步，演化博弈理论可以用来分析不同政策的演化路径，预测政策对创新生态系统的影响。综上所述，演化博弈理论在创新与技术进步研究中具有广泛的应用前景。它可以帮助理解创新行为的动态和复杂性，揭示技术竞争的演化过程，为制定创新策略、选择技术路径以及设计创新政策提供深刻的理论支撑和分析工具。

6. 社会规范和文化传承 演化博弈理论可以应用于研究社会规范、价值观和文化传承的演化过程。它有助于理解为什么某些规范或价值观会在社会中得以传承和保持。演化博弈理论在社会规范和文化传承研究中的应用，能够帮助理解社会规范的形成、传承和变化，以及文化因素如何影响个体行为和群体互动。实际应用上，在社会规范与合作行为方面，社会规范是社会互动中的重要指导原则，演化博弈理论可以分析不同社会规范的形成和演化，以及社会规范如何影响个体的合作行为；在文化传承与价值观方面，文化是一种传承的社会现象，演化博弈理论可以应用于分析文化传承中的群体互动和个体选择，它可以帮助理解价值观的形成、传递和变化，以及文化如何影响行为模式；在社会契约与信任方面，社会契约和信任是社会规范的重要组成部分，演化博弈理论可以用来分析不同社会契约的演化路径，以及信任在社会规范和文化中的作用；在社会变革与文化适应方面，社会变革可能导致社会规范和文化的变化，演化博弈理论可以分析社会变革对社会规范的影响，以及文化如何在变革中适应和演化；在社会创新与文化创造方面，社会创新和文化创造常常涉及规范和价值观的变化，演化博弈理论可以研究社会创新和文化创造的动态过程，分析不同创新策略的演化路径。综上所述，演化博弈理论在社会规范和文化传承研究中能够提供有益的视角。它可以帮助理解社会规范、文化和价值观的演化过程，揭示文化因素如何影响个体行为和社会互动。这种应用有助于深入探讨社会变迁、文化传承以及社会规范的变化机制。

演化博弈理论为经济学提供了一种更贴近现实的框架，以一种更加动态和演化的方式来分析市场和社会行为，帮助更好地理解决策者在不断变化的环境中如何做出决策并选择策略。演化博弈理论在经济学分析中的应用不仅为经济学提供了更加深入和综合的分析工具，也有助于提供更精准的预测和政策建议。通过考虑参与者策略的演化过程，能够更好地理解经济行为的动态性和复杂性，从而为经济学研究和实际决策提供更加全面的视角。

第二节　参与主体行为逻辑分析

演化博弈模型可以帮助理解消费者、平台和政府之间的相互作用和策略选择。该模型将参与者分为三个主要角色：首先，消费者作为核心参与者，其目标是获取新鲜、安全、质量优良且价格合理的生鲜水产品；其次，电商平台作为另一个关键角色，旨在通过促进交易实现盈利，同时提供便捷、高效的购物体验，并确保交易的安全性；最后，政府作为监管方，其职能是保障公共健康，维护市场秩序，并保护消费者的权益免受侵害。

一、消费者行为逻辑分析

信息不对称是电商市场消费者所面临的主要问题之一，其本质是由于电商市场产品信息的传递机制与传统市场存在较大区别导致的[116]。相较于传统线下消费，生鲜水产品网购消费者面临着更复杂的信息环境，其消费行为和决策也极大地受网购平台[117]和公平关切[118]的影响。消费者会选择正规、信誉好的平台进行购物，核查商品信息和质量标准，留意平台的活动优惠和售后服务政策，及时向政府主管部门反馈投诉意见。同时，消费者的网购忠诚度、消费者网购转移成本的高低[119]也会影响消费者选择。网购消费者拥有极大的市场影响和市场主导权，其支付意愿受其感知效应的影响。同时，消费者的消费反馈既能给予平台创新激励，又能约束平台行为，通过其维权手段向政府部门进行质量反馈，督促政府部门严格监管。消费者作为信息劣势方，其消费决策会受到其余消费者的平台消费评价及政府公开信息的影响，其消费反馈也可以帮助潜在水产品消费者获得商品信息，从而构建有效的社会评价体系以抑制卖家机会主义行为。

二、平台行为逻辑分析

生鲜水产品网购平台需要在满足消费者需求的同时，确保自己的利润最大化。消费者在选择购买平台上的生鲜水产品时，会考虑价格、品质、服务、配送等多个因素。平台则需要考虑提供合适的产品和服务，且保证自己的利润最大化。同时平台可能会通过降低交易费用和提供保障服务来吸引消费者，通过规则与激励策略的制定来引导供应商入驻并提供符合消费者需求的水产品，深入剖析市场环境以双向调节水产品的供给与需求从而最大化市场价值。但当其过度掌握市场信息后可能形成垄断，利用其信息优势依靠"数据杀熟"来迫使消费者购买质次价高的生鲜水产品。

三、政府行为逻辑分析

政府在生鲜水产品网购行为演化博弈中扮演着重要的作用，具体而言，可分为以下几点。①监管和执法。为了规范市场行为，政府会加大监管力度，建立健全的生鲜水产品网购质量监督、风险评估、溯源追踪等制度，加强市场准入和准入条件的管理，加大对违法违规行为的惩处力度。②信息公开。政府需加强对生鲜水产品的信息公开，包括产品来源、生产加工、质量检验等信息。消费者可依据政府的公开信息来选择可信的平台和商家，降低购买风险。③政策引导。政府可通过出台一系列激励政策和奖惩机制来引导消费者和平台，如对符合标准的产品和商家给予优惠政策、对不良行为进行处罚等。④公共服务。政府可以提供一些公共服务，如建立生鲜水产品质量检测中心、开展消费者教育宣传等，以帮助消费者更好地了解产品质量和安全问题，提高消费者对产品的信任度。但是仅依靠政府部门进行网购市场监管是远远不够的，政府部门在网购监管存在严重的"水土不服"[120]，需协同消费者反馈进行平台"数据杀熟"监管，减少平台机会主义行为，以降低信息传递扭曲、信息不对称给消费者带来的损害。

■ 第三节　生鲜水产品网购行为演化博弈模型构建

生鲜水产品网购行为演化博弈模型涉及三方主体，分别为消费者、平台和政府。三方主体基于有限理性和信息不对称情况下面临多种策略选择，主体间均无法获得其余对象全部信息，且主体间行为策略相互影响，反映为多重动态博弈关系，满足演化博弈条件。基于此，本文采用演化博弈模型讨论不同忠诚度消费者的网购选择，探讨了基于协同视角的消费者反馈机制对生鲜水产品消费者网购行为的影响，建立多主体参与的生鲜水产品网购监管机制，以分析各参数对演化结果的影响。通过剖析主体在生鲜水产品网购行为中的博弈行为以研判不同策略下主体间的动态演化特性，进而揭示生鲜水产品网购行为涉及主体间的均衡策略选择。三方演化博弈主体之间的逻辑关系如图 6-1 所示。

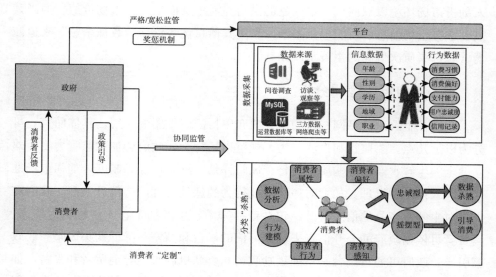

图 6-1　三方主体演化博弈行为逻辑分析

一、网购决策的基本元素

生鲜水产品网购决策涉及多个基本元素，这些元素共同影响消费者在电商平台上是否选择购买生鲜水产品的决策。

1. 产品质量和安全　产品质量和安全对生鲜水产品网购决策具有显著影响。平台需要在确保产品质量和安全的基础上，通过有效的信息传递和信任建立策略来吸引消费者，增加他们的购买意愿和满意度。同时，政府监管和行业标准的支持也是确保产品质量和安全的重要因素。消费者关心产品是否新鲜、无污染，并符合健康标准。网购消费者通常无法亲自检查产品，因此他们对平台的信誉和产品质量保证非常敏感。产品质量和安全对消费者的购买行为和信任产生着深远影响。

2. 价格与价值　价格与价值是生鲜水产品网购决策中相互关联的重要因素，它们共同影响着消费者是否愿意购买某种产品。价格是购买决策中的重要因素，但价格不仅仅是数字，还与产品的价值相联系。消费者需要权衡产品质量、数量和价格之间的关系，决定是否获得了物有所值地购买。消费者通常会对产品的价格非常敏感，在购买生鲜水产品时，他们会比较不同产品的价格，以找到最具性价比的选项。低价格可能会吸引消费者，但过于低廉的价格也可能引发质量和安全的疑虑；消费者在考虑价格时，也会权衡产品的价值，价格并不仅仅是一个数字，还需要与产品的质量、新鲜度、规格等因素相匹配，消费者会考虑是否获得了物有所值地购买，以及产品是否满足其期望和需求；促销和折扣可能会影响消费者的购买决策，一些消费者可能会在折扣期间购买大量的生鲜水产品，尤其是那些平时价格较高的产品，促销活动能够刺激消费者购买的冲动，但也需要确保产品的质量和安全性；同时，消费者的个人经济状况会影响他们对价格和价值的敏感度，一些消费者可能会更加注重价格，而另一些消费者可能会更关注产品的品质和价值。

3. 方便性和配送服务　网购的便捷性是其吸引力之一。消费者评估配送服务的可靠性、速度和是否满足他们的需求。送货是否准时并确保产品的新鲜度对于购买决策至关重要。通过在线购物，消费者可以节省前往实体店铺的时间和努力，只需在家中选择产品并下单即可。特别是对于生鲜水产品，方便的购物方式可以让消费者避免排队等待和交通拥堵；配送服务的效率和准确性直接影响消费者的购买体验，及时送达保证了产品的新鲜度，而准确的配送可以避免消费者因为收到错误产品或损坏产品而感到不满；电商平台通常提供不同的配送选项，如快递、普通邮寄、冷链配送等。消费者可以根据自己的需求选择最适合的配送方式，这也影响着他们是否会选择在网上购买生鲜水产品；配送服务的质量还与退换货政策有关，消费者可能会考虑，如果产品在配送过程中出现问题，他们是否能够方便地退货或换货，以及是否有额外的退货费用。因此，方便性和配送服务对生鲜水产品网购决策具有重要影响。供应商需要确保提供高效、准确的配送服务，同时考虑配送费用和范围，以满足消费者的需求。方便的购物体验和可靠的配送服务有助于吸引消费者并增加他们的购买意愿。

4. 信任和声誉　信任是在线购物中的关键因素。消费者对平台的信誉、评价和评价非常关注，这些因素会影响他们是否愿意购买并信任平台。信任是消费者在进行网购决策时最基本的因素之一，对于生鲜水产品这类对质量和安全要求较高的商品，消费者更加注重供应商的信誉和可靠性。信任是购买决策的基础，如果消费者信任供应商，他们更有可能选择在该平台上购买；同时，供应商的声誉和口碑对消费者的决策产生深远影响，消费者倾向于选择那些在市场上具有良好声誉的供应商，因为这意味着供应商在过去提供了高质量的产品和满意的服务，良好的声誉有助于建立消费者对供应商的信任感；信任和声誉对生鲜水产品网购决策具有重要影响，供应商需要通过提供高质量的产品、优质的服务以及积极维护声誉来建立消费者的信任感。消费者倾向于选择那些信誉良好、可靠的供应商，因为他们相信这些供应商能够满足他们的购买需求并提供安全可靠的产品。

5. 选择多样性　选择多样性在生鲜水产品网购决策中具有重要影响，它涉及消费者在选择产品时所面临的不同种类、品牌、规格等多样性选项。消费者希望在网购平台上有多种选择，包括不同种类的生鲜水产品、规格、品牌等。平台的产品多样性可能影响消费者的购买决策。选择多样性使消费者能够根据自身的口味、喜好和需求，选择自己最喜欢的生鲜水产品，不同消费者可能对产品的品种、产地、规格等有不同的偏好，选择多样性满足了消费者的个性化需求；电商平台通过提供丰富的选择多样性，增加消费者在平台上的停留时间和使用频率。消费者因为找到了多样的生鲜水产品选择，更有可能在该平台上反复购买；供应商提供多样性的选择，能够在竞争激烈的市场中脱颖而出，以提高供应商的市场竞争力；多样性的产品选择可以鼓励消费者尝试新品种和规格的生鲜水产品，从而促进创新和新产品的推出。然而，选择多样性也可能带来一些挑战，如信息过载和选择困难。消费者在众多选项中做出决策时可能感到困惑，因此供应商需要提供清晰的产品信息，以帮助消费者做出明智的选择。归纳而言，选择多样性对生鲜水产品网购决策具有积极影响。供应商通过提供多样的产品选择，可以满足消费者的个性化需求，增加购买意愿，提高平台竞争力，也需要注意在提供多样性的同时，提供足够的信息支持，避免信息过载带来困扰。

6. 信息透明度 信息透明度关乎消费者能否获得关于产品质量、来源、安全性等方面的真实、准确、完整的信息。消费者需要足够的信息来做出购买决策，包括产品描述、图片、营养信息等。供应商提供详细和准确的信息有助于消费者做出明智的决策。信息透明度有助于建立消费者与供应商之间的信任，通过提供详细、真实的产品信息，消费者能够更好地了解产品的来源、生产过程、质量标准等，从而建立对供应商的信任；消费者在网购生鲜水产品时，需要获得足够的信息来做出决策，透明的信息可以帮助消费者了解产品的特点、用途、存储方法等，从而更好地满足他们的需求；生鲜水产品的食品安全是消费者非常关注的问题，透明的信息揭示了食品的产地、养殖方式、运输环境等细节，让消费者能够更好地判断产品是否安全；透明度可以确保消费者对于生鲜水产品的质量有清晰的认知，供应商提供关于产品质量检验、认证、食品安全等方面的信息，有助于消费者确认产品的品质和安全性；信息透明度使消费者更了解供应商的生产和经营实践，从而支持那些积极采取可持续发展措施的供应商。消费者对环保和社会责任的关注也可以通过透明的信息得以体现。

综上所述，生鲜水产品网购决策的基本元素涵盖了产品质量、价格、方便性、信任、选择多样性、个人偏好和信息透明度等方面。这些因素相互交织，影响着消费者在电商平台上是否购买生鲜水产品的决策过程。平台可以通过了解和满足这些基本元素来提高消费者的购买体验和满意度。

二、模型假设

本节考虑了生鲜水产品网购主体行为特征，采用演化博弈模型分析各博弈主体策略、博弈均衡点稳定性以及要素间的影响关系，并提出如下假设。

假设1：消费者、平台及政府为博弈参与人，三方主体均为有限理性的博弈参与方，并且其策略选择随时间演化稳定于最优策略。

假设2：博弈参与人选择合作时的收益须不小于其未合作的收益，否则会选择不合作。消费者追求个人效用最大化，平台追求企业利润最大化，政府追求公共利益最大化。消费者消费渠道包括平台网购和线下购物，消费者类型包括平台忠诚型消费者和摇摆型消费者。忠诚型消费者习惯在平台上购买生鲜水产品，由于其转移成本较高（如更便捷的购买方式、更高效的配送方式），不愿转变其交易平台或交易方式；摇摆型消费者的消费方式受平台优惠影响较大。本文主要探讨不同忠诚度的消费者的网购选择。

假设 3：消费者的策略空间为 $\alpha=(\alpha_1, \alpha_2)=$（选择网购，拒绝网购），以 x 的概率选择 α_1，以 $(1-x)$ 的概率选择 α_2；平台的策略空间为 $\beta=(\beta_1, \beta_2)=$（数据"杀熟"，公平定价），以 y 的概率选择 β_1，以 $(1-y)$ 的概率选择 β_2；政府部门的策略空间为 $\gamma=(\gamma_1, \gamma_2)=$（严格监管，宽松监管），以 z 的概率选择 γ_1，以 $(1-z)$ 的概率选择 γ_2。其中 x，y，z 的取值范围均为 $[0, 1]$。

假设 4：网购平台选择公平定价时，对生鲜水产品定价为 P_1；平台选择数据"杀熟"策略时，对消费者的"杀熟"度为 a，用于表示"杀熟"定价与公平定价的偏离程度。消费者的平台忠诚度用其转移成本 c 进行度量，转移成本越高，其对网购平台的依赖程度就越高，越不容易转变生鲜水产品的购物方式。但考虑到生鲜水产品特殊的易腐特征，网购消费者需承担商品质变风险 V，且该风险受时令影响较大，以 θ 为其时令系数。消费者公平关切水平为 λ，当其受到不公平待遇时会产生负面情绪存在效用的递减。同时，在大数据时代，平台选择"杀熟"行为，需承担信息成本 C_p。消费者若拒绝网购会选择实体消费渠道，实体消费生鲜水产品定价为 P_2，考虑到网络平台的价格优势，不失一般性地假设 $P_1 < P_2$。相比于实体消费，网络购物能够更好地满足消费者对商品多样性、购物便捷性、产品经济性等个性化需求[121]，假设网购消费者的效用为 U，实体购物存在效用折扣系数 β（$\beta \in [0, 1]$）。

假设 5：政府严格监管成本为 C_g，若监管有效可以获得的效益为 G（如政府公信力提升）。当政府严格监管时，若平台采取数据"杀熟"策略，则平台被处以罚款 $F_1=ka^2$，其中 k 为罚款力度。当"杀熟"度 a 一定时，$\frac{\partial F_1}{\partial k}>0$，$\frac{\partial^2 F_1}{\partial k}=0$，反映出 F_1 为 k 的增函数；当罚款力度 k 一定时，$\frac{\partial F_1}{\partial a}>0$，$\frac{\partial^2 F_1}{\partial a}>0$，反映出 F_1 为 a 的增函数，且随着"杀熟"度 a 的提高，罚款呈现凹函数的增长趋势，平台需承担越来越大的罚款增速。同时，平台还会面临网络大环境下的平台信誉降低、负面新闻、市值贬低等问题，损失记为 H。若平台公平定价，平台将获得奖励 A_1。当政府宽松监管时，不作奖惩。当生鲜水产品消费者面临数据"杀熟"时，选择网购的消费者以 p 的概率选择通过政府监管渠道进行消费者维权。若此时政府严格监管，消费者承担的维权成本为 C_1，获得平台补偿 M_1；若政府宽松监管，消费者需承担同等维权成本，但无法获得企业补偿款。在维权失败情况下，消费者会通过其他途径进行维权，利用新闻媒体对平台进行制裁，引起平台声誉损失 S，同时承担监管责任的政府部门会因为市场监管失职以及恶劣的社会影响被上级主管部门处以高额罚款 F_2。

模型参数设置如表 6-1 所示，且所有参数均为非负数。

表 6-1 模型参数及其含义

项目	参数	参数含义
消费者	a	平台对消费者的"杀熟"度
	c	消费者转移成本
	V	消费者需承担的网购商品质变风险
	θ	消费者网购风险时令系数
	λ	消费者公平关切水平
	U	消费者网购效用
	β	消费者实体购物相比网络购物效用折扣系数
平台	C_p	平台选择"杀熟"行为时需承担的信息成本
	P_1	平台选择公平定价时对生鲜水产品的定价
	P_2	实体消费渠道对生鲜水产品的定价
	F_1	政府严格监管，平台数据"杀熟"策略时平台面临的罚款
	H	政府严格监管，平台采取数据"杀熟"策略时平台面临的信誉降低、负面新闻、市值贬低等损失
	A_1	平台公平定价时平台获得的奖励
政府部门	C_g	政府严格监管成本
	G	政府有效监管获得的效益
	k	政府处罚力度
交互参数	p	消费者面临数据"杀熟"时，选择网购的消费者通过政府监管渠道进行消费者维权的概率
	C_1	消费者面临数据"杀熟"，消费者选择维权且政府严格监管时，消费者承担的维权成本
	M_1	消费者面临数据"杀熟"，消费者选择维权且政府严格监管时，消费者维权成功获得的平台补偿
	S	消费者维权失败，通过其他途径进行维权，利用新闻媒体对平台进行制裁，引起平台的声誉损失
	F_2	消费者维权失败，通过其他途径进行维权，承担监管责任的政府部门被上级主管部门处以罚款

三方演化博弈模型混合策略博弈支付矩阵如表 6-2 所示。

表 6-2　三方主体混合策略博弈支付矩阵

项目	平台	政府	
		严格监管 z	宽松监管 $(1-z)$
选择网购 x	数据杀熟 y	$U-aP_1-\theta V-a\lambda+p\,(M_1-C_1)$, $aP_1-C_p-ka^2-H-pM_1$, $-C_g+ka^2$	$U-aP_1-\theta V-a\lambda-pC_1$, aP_1-C_p-pS, $-pF_2$
	公平定价 $(1-y)$	$U-P_1-\theta V$, P_1+A_1, $G-C_g-A_1$	$U-P_1-\theta V$, P_1
拒绝网购 $(1-x)$	数据杀熟 y	$\beta U-P_2-c+p\,(M_1-C_1)$, $-C_p-ka^2-H-pM_1$, $-C_g+ka^2$	$\beta U-P_2-c-pC_1$, $-C_p-pS$, $-pF_2$
	公平定价 $(1-y)$	$\beta U-P_2-c$, A_1, $-C_g-A_1$	$\beta U-P_2-c$

第四节　消费者生鲜水产品网购行为演化博弈模型分析

一、稳定性分析

（一）消费者

依据表 6-2 所示支付矩阵信息，设消费者采取"选择网购"策略的期望收益为 E_{11}，选择"拒绝网购"策略的期望收益为 E_{12}，其平均期望收益为 E_1。

$$E_{11}=yz(U-aP_1-\theta V-a\lambda+p(M_1-C_1))+y(1-z)(U-aP_1-\theta V-a\lambda-pC_1)+$$
$$(1-y)z(U-P_1-\theta V)+(1-y)(1-z)(U-P_1-\theta V)$$

$$E_{12}=yz(\beta U-P_2-c+p(M_1-C_1))+y(1-z)(\beta U-P_2-c-pC_1)+ \qquad (6-1)$$
$$(1-y)z(\beta U-P_2-c)+(1-y)(1-z)(\beta U-P_2-c)$$

$$E_1=xE_{11}+(1-x)E_{12}$$

消费者策略选择的复制动态方程为：

$$F(x) = \frac{dx}{dt} = x(E_{11} - E_1) = x(1-x)(E_{11} - E_{12})$$

$$= x(1-x)(yzU + y(P_1 - U - aP_1 - a\lambda) + \qquad (6-2)$$

$$P_2 - P_1 + U + c - \beta U - \theta V)$$

（二）平台

假设平台选择"数据杀熟"策略时的期望收益 E_{21}，选择"公平定价"策略时的期望收益为 E_{22}，其平均期望收益为 E_2。

$$E_{21} = xz(aP_1 - C_p - ka^2 - H - pM_1) + x(1-z)(aP_1 - C_p - pS) +$$

$$(1-x)z(-C_p - ka_2 - H - pM_1) + (1-x)(1-z)(-C_p - pS)$$

$$E_{22} = xz(P_1 + A_1) + x(1-z)(P_1) + \qquad\qquad (6-3)$$

$$(1-x)z(A_1) + (1-x)(1-z)(0)$$

$$E_2 = yE_{21} + (1-y)E_{22}$$

平台策略选择的复制动态方程为：

$$F(y) = \frac{dy}{dt} = y(E_{21} - E_2) = y(1-y)(E_{21} - E_{22})$$

$$= y(1-y)(x(aP_1 - P_1) + \qquad\qquad (6-4)$$

$$z(-ka^2 - A_1 - H - pM_1 + pS) - C_p - pS)$$

（三）政府

假设政府选择"严格监管"策略时的期望收益 E_{31}，选择"宽松监管"策略时的期望收益为 E_{32}，其平均期望收益为 E_3。

$$E_{31} = xy(-C_g + ka^2) + x(1-y)(G - C_g - A_1) + (1-x)y(-C_g + ka^2) +$$

$$(1-x)(1-y)(-C_g - A_1)$$

$$E_{32} = xy(-pF_2) + x(1-y)(0) + (1-x)y(-pF_2) + \qquad (6-5)$$

$$(1-x)(1-y)(0)$$

$$E_3 = zE_{31} + (1-z)E_{32}$$

政府策略选择的复制动态方程为：

$$F(z) = \frac{dz}{dt} = z(E_{31} - E_3) = z(1-z)(E_{31} - E_{32})$$

$$= z(1-z)(-xyG + xG + y(ka^2 + A_1 + pF_2) - A_1 - C_g) \qquad (6-6)$$

联立式（6-2）、式（6-4）、式（6-6），得到该动态系统的复制动态方程组：

$$\begin{cases} F(x) = \dfrac{dx}{dt} = x(E_{11} - E_1) = x(1-x)(E_{11} - E_{12}) \\ \quad = x(1-x)(yzU + y(P_1 - U - aP_1 - a\lambda) + \\ \quad\quad P_2 - P_1 + U + c - \beta U - \theta V) \\ F(y) = \dfrac{dy}{dt} = y(E_{21} - E_2) = y(1-y)(E_{21} - E_{22}) \\ \quad = y(1-y)(x(aP_1 - P_1) + z(-ka^2 - A_1 - H - pM_1 + pS) - \\ \quad\quad C_p - pS) \\ F(z) = \dfrac{dz}{dt} = z(E_{31} - E_3) = z(1-z)(E_{31} - E_{32}) \\ \quad = z(1-z)(-xyG + xG + y(ka^2 + A_1 + pF_2) - A_1 - C_g) \end{cases} \quad (6-7)$$

二、均衡点分析

参考 Friedman 所提演化稳定策略（ESS）求解原则[122]，系统的 ESS 稳定策略可通过系统的 Jacobian 矩阵局部稳定性分析得到。联立动态系统的复制动态方程组可得到系统的 Jacobian 矩阵：

$$J = \begin{bmatrix} J_1 & J_2 & J_3 \\ J_4 & J_5 & J_6 \\ J_7 & J_8 & J_9 \end{bmatrix} = \begin{bmatrix} \dfrac{\partial F(x)}{\partial x} & \dfrac{\partial F(x)}{\partial y} & \dfrac{\partial F(x)}{\partial z} \\ \dfrac{\partial F(y)}{\partial x} & \dfrac{\partial F(y)}{\partial y} & \dfrac{\partial F(y)}{\partial z} \\ \dfrac{\partial F(z)}{\partial x} & \dfrac{\partial F(z)}{\partial y} & \dfrac{\partial F(z)}{\partial z} \end{bmatrix}$$

其中：

$$\frac{\partial F(x)}{\partial x} = (1-2x)(yzU + y(P_1 - U - aP_1 - a\lambda) + P_2 - P_1 + U + c - \beta U - \theta V)$$

$$\frac{\partial F(x)}{\partial y} = x(1-x)(zU + P_1 - U - aP_1 - a\lambda)$$

$$\frac{\partial F(x)}{\partial z} = x(1-x)(yU)$$

$$\frac{\partial F(y)}{\partial x} = y(1-y)(aP_1 - P_1)$$

$$\frac{\partial F(y)}{\partial y} = (1-2y)(x(aP_1 - P_1) + z(-ka^2 - A_1 - H - pM_1 + pS) - C_p - pS)$$

$$\frac{\partial F(y)}{\partial z} = y(1-y)(-ka^2 - A_1 - H - pM_1 + pS)$$

$$\frac{\partial F(z)}{\partial x}=z(1-z)(-xG+G)$$

$$\frac{\partial F(z)}{\partial y}=z(1-z)(-yG+ka^2+A_1+pF_2)$$

$$\frac{\partial F(z)}{\partial z}=(1-2z)(-xyG+xG+y(ka^2+A_1+pF_2)-A_1-C_g)$$

得到：

$$J=\begin{bmatrix} J_1 & J_2 & J_3 \\ J_4 & J_5 & J_6 \\ J_7 & J_8 & J_9 \end{bmatrix}=\begin{bmatrix} \dfrac{\partial F(x)}{\partial x} & \dfrac{\partial F(x)}{\partial y} & \dfrac{\partial F(x)}{\partial z} \\[2mm] \dfrac{\partial F(y)}{\partial x} & \dfrac{\partial F(y)}{\partial y} & \dfrac{\partial F(y)}{\partial z} \\[2mm] \dfrac{\partial F(z)}{\partial x} & \dfrac{\partial F(z)}{\partial y} & \dfrac{\partial F(z)}{\partial z} \end{bmatrix}$$

$$=\begin{bmatrix} \begin{aligned}(1-2x)(yzU&+y(P_1-U-aP_1-a\lambda)\\ &+P_2-P_1+U+c-\beta U-\theta V)\end{aligned} & \begin{aligned}x(1-x)(zU&+P_1-U-aP_1-a\lambda)\end{aligned} & x(1-x)(yU) \\[3mm] \begin{aligned}&y(1-y)(aP_1-P_1)\end{aligned} & \begin{aligned}(1-2y)&(x(aP_1-P_1)\\ &+z(-ka^2-A_1-H\\ &-pM_1+pS)-C_p-pS)\end{aligned} & \begin{aligned}y(1-y)(&-ka^2-A_1\\ &-H-pM_1+pS)\end{aligned} \\[3mm] z(1-z)(-xG+G) & z(1-z)(-yG+ka^2+A_1+pF_2) & \begin{aligned}(1-2z)(&-xyG+xG\\ &+y(ka^2+A_1+pF_2)-A_1-C_g)\end{aligned} \end{bmatrix}$$

在动态系统的复制动态方程组中，令 $F(x)=F(y)=F(z)=0$，可以得到系统局部均衡点为：E_1（0，0，0），E_2（1，0，0），E_3（0，1，0），E_4（0，0，1），E_5（1，1，0），E_6（1，0，1），E_7（0，1，1），E_8（1，1，1）以及 E_9（x^*，y^*，z^*）。其中，E_1 至 E_8 是纯策略均衡点，E_9（x^*，y^*，z^*）是满足 $F(x)=F(y)=F(z)=0$ 的混合策略均衡点[123]。

根据李雅普诺夫（Lyapunov）第一法则：雅可比矩阵所有特征值都有负实部，则该均衡点为渐进稳定点；若雅克比矩阵的特征值有一个正实部，则该均衡点为不稳定点；其余情形不能确定均衡点的稳定情况。各均衡点的特征值及稳定性判断见表 6-3。

表 6-3　系统均衡点特征值及稳定性判断

均衡点	特征值	稳定条件	结果
E_1（0，0，0）	$P_2-P_1+U+c-\beta U-\theta V$, C_p-pS, $-A_1-C_g$	$P_2-P_1+U+c-\beta U-\theta V<0$, $C_p-pS<0$	ESS

（续）

均衡点	特征值	稳定条件	结果
$E_2(1,0,0)$	$P_1-P_2-U-c+\beta U+\theta V$, $aP_1-P_1-C_p-pS$, $G-C_g-A_1$	$P_1-P_2-U-c+\beta U+\theta V<0$, $aP_1-P_1-C_p-pS<0$, $G-C_g-A_1<0$	ESS
$E_3(0,1,0)$	$P_2+c-aP_1-\beta U-\theta V-a\lambda$, C_p+pS, $ka^2-C_g+pF_2$	任何条件	非稳定点
$E_4(0,0,1)$	$P_2-P_1+U+c-\beta U-\theta V$, $-ka^2-A_1-C_p-H-pM_2$, A_1+C_g	任何条件	非稳定点
$E_5(1,1,0)$	$aP_1-c-P_2+\beta U+\theta V+a\lambda$, $C_p+P_1-aP_1+pS$, $ka^2-C_g+pF_2$	$aP_1-c-P_2+\beta U+\theta V+a\lambda<0$, $C_p+P_1-aP_1+pS<0$, $ka^2-C_g+pF_2<0$	ESS
$E_6(1,0,1)$	$P_1-P_2-U-c+\beta U+\theta V$, $-ka^2+aP_1-A_1-C_p-H-P_1-pM_1$, A_1+C_g-G	$P_1-P_2-U-c+\beta U+\theta V<0$, $-ka^2+aP_1-A_1-C_p-H-P_1-pM_1<0$, $A_1+C_g-G<0$	ESS
$E_7(0,1,1)$	$P_2+U+c-aP_1-\beta U-\theta V-a\lambda$, $ka^2+A_1+C_p+H+pM_1$, $-ka^2+C_g-pF_2$	任何条件	非稳定点
$E_8(1,1,1)$	$aP_1-U-c-P_2+\beta U+\theta V+a\lambda$, $ka^2-aP_1+A_1+C_p+H+P_1+pM_1$, $-ka^2+C_g-pF_2$	$aP_1-U-c-P_2+\beta U+\theta V+a\lambda<0$, $ka^2-aP_1+A_1+C_p+H+P_1+pM_1<0$, $-ka^2+C_g-pF_2<0$	ESS
$E_9(x^*,y^*,z^*)$		任何条件	鞍点

三、参数阈值讨论

由表 6-3 可知，系统局部均衡点 $E_3(0,1,0)$ 的特征值 $\lambda_2=C_p+pS$ 恒正；$E_4(0,0,1)$ 的特征值 $\lambda_3=A_1+C_g$ 恒正；$E_7(0,1,1)$ 的特征值 $\lambda_3=ka^2+A_1+C_p+H+pM_1$ 恒正，因此 $E_3(0,1,0)$、$E_4(0,0,1)$、$E_7(0,1,1)$ 确定为非稳定均衡点。为了进一步分析其余系统局部均衡点对应特征值的符号及其均衡条件，本文通过参数阈值设定讨论剩余系统局部均衡点的演化博弈稳定策略。

（一）$P_1-P_2-U-c+\beta U+\theta V>0$

在该条件下，局部均衡点 $E_2(1,0,0)$ 的 $\lambda_1=P_1-P_2-U-c+\beta U+\theta V>0$，存在特征值为正，不满足演化稳定策略条件；同理，局部均衡点 E_6

$(1，0，1)$ 的 $\lambda_1=P_1-P_2-U-c+\beta U+\theta V>0$，存在特征值为正，不满足演化稳定策略条件；由于杀熟度 a 取值大于 1，$E_8(1，1，1)$ 的 $\lambda_1=aP_1-U-c-P_2+\beta U+\theta V+a\lambda$ 显然大于 $P_1-P_2-U-c+\beta U+\theta V>0$，存在特征值为正，不满足演化稳定策略条件；考虑到效用 U 为正数，局部均衡点 $E_5(1，1，0)$ 的 $\lambda_1=aP_1-c-P_2+\beta U+\theta V+a\lambda$ 相比于 $E_8(1，1，1)$ 的 λ_1 反映为更大的特征值，必然为正数，不满足演化稳定策略条件。此时仅有 $E_1(0，0，0)$ 为潜在 ESS。若满足 $C_p-pS<0$，则 $E_1(0，0，0)$ 为该条件下的 ESS，对应的 Jacobian 矩阵的特征值是非正的，系统存在稳定点（0，0，0），对应的演化稳定策略为拒绝网购、公平定价、宽松监管。

（二）$C_p>aP_1-P_1$

在该条件下，局部均衡点 $E_5(1，1，0)$ 的 $\lambda_2=C_p+P_1-aP_1+pS>0$，存在特征值为正，不满足演化稳定策略条件；同时，推理可得 $E_8(1，1，1)$ 的 $\lambda_2=ka^2-aP_1+A_1+C_p+H+P_1+pM_1>0$，存在特征值为正，不满足演化稳定策略条件。此时，局部均衡点 $E_2(1，0，0)$ 和 $E_6(1，0，1)$ 在 $P_1-P_2-U-c+\beta U+\theta V<0$ 的情况下，若 $G<C_g+A_1$，则 $E_2(1，0，0)$ 为该条件下的 ESS，对应的 Jacobian 矩阵的特征值是非正的，系统存在稳定点（1，0，0），对应的演化稳定策略为选择网购、公平定价、宽松监管；若 $G<C_g+A_1$，则 $E_6(1，0，1)$ 为该条件下的 ESS，对应的 Jacobian 矩阵的特征值是非正的，系统存在稳定点（1，0，1），对应的演化稳定策略为选择网购、公平定价、严格监管。

比较表 6-3 所述 5 个演化稳定策略，从营商环境、社会影响、民生福祉、良性竞争和策略推广等角度进行考虑，$E_6(1，0，1)$ 为最优演化策略。在该策略组合下，政府对生鲜水产品平台实行严格监管，有效管控市场秩序；生鲜水产品平台公平定价，营造了公平有序的消费环境；消费者接受了生鲜水产品的网络购物形式，实现了生鲜水产品消费方式的多样性，进一步促进了生鲜水产品的网络化消费形式。同时，对演化均衡条件进行分析可知，交互参数的变化会显著影响主体的策略选择，特别是消费者与政府部门的协同反馈机制。以 $E_6(1，0，1)$ 为例，消费者维权概率 p、消费者面临数据"杀熟"选择维权且政府严格监管时，维权成功获得的平台补偿 M_1 这两个参数值的增大会促进 $E_6(1，0，1)$ 的演化均衡性，此时平台会趋向于公平定价策略选择；反之，该数值的减小会促使演化均衡向 $E_8(1，1，1)$ 逼近，即平台渐进趋向于杀熟定价策略选择。因此，构建基于消费者与政府部门的协同反馈机制有利于抑制平台的杀熟行为，能对其形成良好的规制作用。

■ 第五节　消费者网购行为仿真敏感性分析

现有生鲜水产品网购相关监管统计数据存在着一定程度的不完整。为了尽可能保证系统仿真模拟结果的有效性和可靠性，本文依据现有相关数据信息进行部分参数设定，并参照该部分参数假设其余参数的初始值，对支付矩阵的参数初始值做出如下假设。令：

$$P_1=20, a=1.5, c=4, V=16, \beta=0.6, \theta=0.6, \lambda=0.5, C_p=4, P_2=24, R=8,$$

$$C_g=10, k=0.7, H=5, p=0.5, G=20, A_1=6, M_1=3, S=5, F_2=7$$

本文致力于探讨生鲜水产品消费者网购行为和决策影响因素，系统仿真分为三类分析，分别为消费者决策仿真分析、平台及政府决策仿真分析以及交互参数影响仿真分析。系统仿真均以初始策略选择概率组合（0.5，0.5，0.5）为仿真起点。

一、消费者决策仿真分析

消费者生鲜水产品网购决策主要受平台对消费者的"杀熟"度 a、消费者转移成本 c、消费者需承担的网购商品质变风险 V、消费者网购风险时令系数 θ 以及消费者实体购物相比网络购物效用折扣系数 β 等参数的影响。

（一）平台对消费者的"杀熟"度对三方主体决策的影响（图6-2）

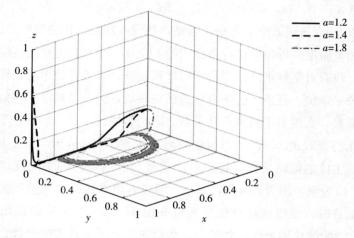

图6-2　"杀熟"度 a 对系统演化的影响

从图6-2演化结果中可以看出，a 取值的变化对消费者及政府的策略选择会产生较大影响。在该参数初始值设定组合下，当 a 取值较小时，政府倾向于严格监管；取值较大时，政府倾向于宽松监管。而对于消费者策略选择，a 取值的变化呈现出不稳定的变化趋势。为了进一步反映杀熟度 a 对消费者策略演化的影响，采用二维平面图反映 a 对消费者主体的影响，其结果如图 6-3 所示。

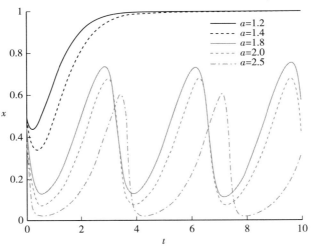

图 6-3　"杀熟"度 a 对消费者策略演化的影响

图 6-3 所示演化结果反映了 a 的取值变化会对消费者策略演化产生重要影响。当平台对消费者的"杀熟"程度 a 取值越小时，消费者越倾向于网购生鲜水产品；而随着"杀熟"度的提高，消费者策略选择呈现出了一定程度的波动，反映了消费者选择的犹豫。且"杀熟"度越高，消费者越倾向于拒绝网购。

（二）消费者转移成本 c 对三方主体决策的影响（图 6-4）

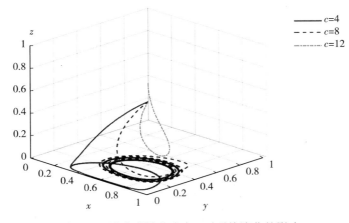

图 6-4　消费者转移成本 c 对系统演化的影响

本文采用消费者转移成本来度量消费者对平台的忠诚程度，转移成本越高代表消费者具有越高的平台忠诚度，其大小反映了消费者对平台网购的依赖度。图 6-4 的仿真结果同样反映了其系统演化的复杂特征，结果表明，在该参数初始值设定组合下，依赖程度越高，政府越倾向于严格监管。进一步通过二维平面反映 c 对消费者主体的影响，其结果如图 6-5 所示。

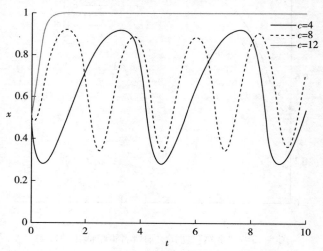

图 6-5　转移成本 c 对消费者策略演化的影响

从结果可以看出，当转移成本越高时，即消费者对平台的依赖程度越高时，消费者越倾向于选择网络购物方式；而当依赖程度较低时，其策略选择会呈现一定的摇摆特征。因此，生鲜水产品消费者网购行为会在一定程度上受消费者对平台依赖程度的影响。

（三）消费者需承担的网购商品质变风险 V 对三方主体决策的影响（图 6-6）

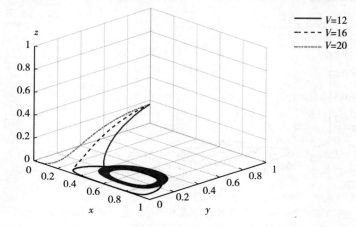

图 6-6　商品质变风险 V 对系统演化的影响

商品质变风险参数值的变化对平台和政府的演化稳定策略选择均无明显影响，该参数的取值主要作用于消费者的策略选择，其消费者二维平面分析如图 6-7 所示。

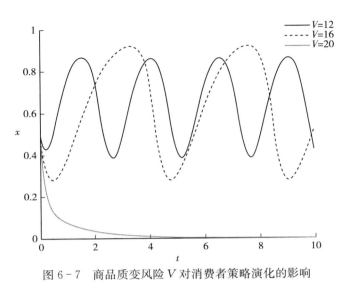

图 6-7　商品质变风险 V 对消费者策略演化的影响

图 6-7 反映了商品质变风险 V 与消费者策略演化之间的关系。当 V 取值为 20 时，消费者演化稳定策略为拒绝网购，而当 V 的取值为 12 和 16 时，策略选择呈现波动特征，反映出商品质变风险越高，消费者演化稳定策略越趋向于拒绝网购。相比于普通商品，生鲜水产品具有较高的质变风险，这也是制约生鲜水产品网购发展的关键因素。

二、平台、政府决策仿真分析

平台及政府的演化稳定策略选择主要受平台面临的信誉损失参数 H、政府有效监管获得的效益 G 以及政府处罚力度 k 等参数的影响。

（一）平台面临的信誉损失参数对三方主体决策的影响（图 6-8）

结果表明，平台面临的信誉损失参数 H 的变化对三方主体的演化博弈均衡均无显著影响。在该参数初始值设定组合下，平台策略稳定与公平定价，政府策略稳定于宽松监管，消费者策略呈现一定波动性，未达到稳态特征，但其演化路径受参数值影响较小。

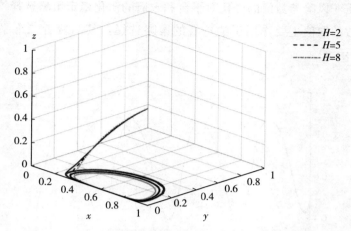

图 6-8　平台面临的信誉损失参数 H 对系统演化的影响

（二）政府有效监管获得的效益对三方主体决策的影响（图 6-9）

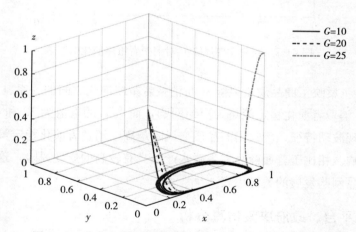

图 6-9　政府有效监管获得的效益 G 对系统演化的影响

　　政府有效监管获得的效益 G 数值的变动对消费者和平台的演化稳定策略均无显著影响，在对应参数初始组合下，消费者策略表现为一定程度的摇摆特征，平台稳定于公平定价策略。而政府演化稳定策略选择受该参数值的变化影响较大，进一步利用二维平面反映 G 对政府主体的影响，如图 6-10 所示。

　　参数值 G 的变动对政府演化稳定策略产生了较大的影响。如图 6-10 所示，在该参数组合下，当 G 取 10 或 20 时，政府策略稳定于宽松监管，而当 G 取 25 时，政策更倾向于严格监管。反映出政府有效监管获得的效益越高，越

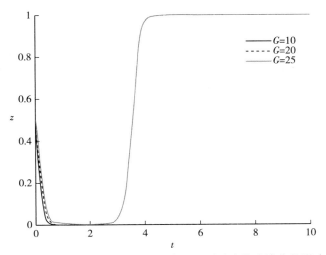

图 6 - 10　政府有效监管获得的效益 G 对政府策略演化的影响

能促进其监管积极性，以稳定网购交易市场的稳定。

三、交互参数仿真分析

　　三方主体的演化稳定策略选择同时还会受到消费者维权概率 p 以及平台声誉损失 S 等参数的影响。通过仿真模拟发现，交互参数具有相似的仿真路径。以 p 为例，消费者维权概率 p 对三方主体决策的影响如图 6 - 11 所示。

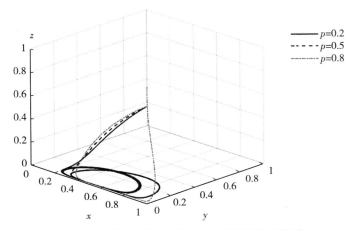

图 6 - 11　消费者维权概率 p 对系统演化的影响

　　消费者维权概率反映的是消费者的维权力度以及消费者与政府之间的联系紧密程度。图 6-11 反映了消费者维权概率 p 对三方主体演化路径的影响，从图中可以看出，消费者和政府的演化稳定策略在一定程度上受维权概率的影响。为了进一步分析其影响效果，绘制了 p 对消费者、平台及政府策略选择影响的二维平面分析图，如图 6-12 至图 6-14 所示。

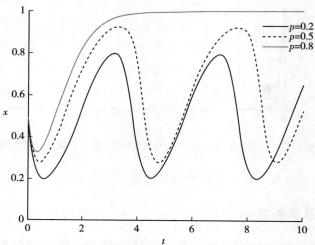

图 6-12　消费者维权概率 p 对消费者策略演化的影响

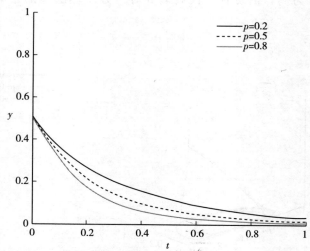

图 6-13　消费者维权概率 p 对平台策略演化的影响

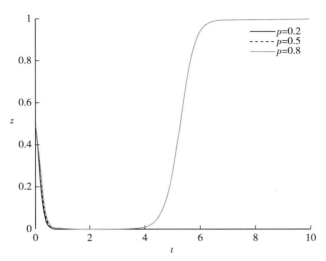

图 6-14　消费者维权概率 p 对政府策略演化的影响

综合图 6-12 至图 6-14 的演化结果可以发现，消费者维权概率 p 取值的变动对消费者及政府的稳定策略及演化路径影响较大而对平台的影响较小。其中，维权概率的增加会在一定程度上促进消费者的网购行为，而较低的维权概率会使得消费者出现选择上的波动，未能在长期实现稳态趋势。对于政府而言，在该初始参数组合下，当维权概率较小时，政府趋向于宽松监管；维权概率较大时，政府更倾向于严格监管。当消费者维权失败，通过其他途径进行维权，利用新闻媒体对平台进行制裁，引起平台的声誉损失 S 的演化结果与消费者维权概率 p 的演化结果类似，此处略去分析。

从上述分析可以看出，政府的策略选择会在一定程度上受交互参数的影响。当消费者维权力度越大，消费者与政府之间的联系越紧密，越能提高政府的工作积极性，从而使其活跃于交易市场，对平台进行严格的监管，进而促进平台的交易公平性。消费者与政府的协同治理是规范化市场行为的必由之路，有助于保护消费者的合法权益。消费者作为市场经济的参与者，需要政府的监管和保护，以确保他们的权益不受侵害。政府通过制定和执行相关法律法规，确保市场公平竞争，禁止虚假广告和欺诈行为，并建立消费者维权机制。而消费者的积极参与和反馈意见，则为政府提供了关于市场状况和消费者需求的重要信息，促使政府更加有效地保护消费者权益。此外，消费者和政府的协同治理有助于提升市场效率和品质。消费者的需求和反馈意见，可以促使市场竞争更加激烈，迫使平台提供更优质、创新和具有竞争力的产品和服务。政府可以通过监管和规范市场行为，防止市场垄断和不正当竞争，促进市场公平和透明度。消费者和政府的合作可以形成一个有效的反馈机制，使市场更加灵活和敏锐地适应消费者需求，提升整体市场效率和产品品质。

本章探讨了消费者生鲜水产品网购行为及决策，运用演化博弈方法揭示了生鲜水产品网购行为的消费者选择问题，系统分析了消费者、平台和政府三方策略选择的稳定性、参数阈值设定的均衡性以及各参数对主体演化的影响关系。依据仿真结果可以发现，消费者生鲜水产品网购行为会受各类不定参数的影响，其参数值的取值大小及参数取值变化均会影响消费者、平台和政府的演化稳定策略组合。消费者与政府的协同治理是规范化市场行为，促进市场公平化竞争，维护消费者合法权益的必由之路。因此，建立规避生鲜水产品电商平台道德风险行为的消费者—政府协同监管机制是促进生鲜水产品网购市场发展的前提条件及远景目标。同时，考虑到不同类型市场的分析需求，本章构建的演化博弈模型由于其大参数特性，适用于任何一种市场的演化分析。只需依据目标市场特征对其参数进行赋值，即可探究相关市场的市场特征及演化特性，反映了本文所提出模型的现实性和可拓性。

在本章中，通过演化博弈方法对消费者生鲜水产品网购行为及决策进行了深入研究，探讨了在市场竞争环境下消费者的行为策略演化。通过演化博弈模型的建立和分析，揭示了消费者、平台和政府之间的相互作用和策略选择，以及这些策略选择如何随着时间的推移而演化。本章首先介绍了演化博弈方法的基本概念和应用原理，解释了如何通过模拟演化过程来分析消费者在生鲜水产品网购中的行为决策；详细描述了研究设计和数据收集过程，包括定义博弈模型的参与者、策略和支付矩阵，以及如何利用计算方法来模拟演化过程；通过演化博弈方法的应用，得出了一系列关于消费者生鲜水产品网购行为的重要结论。可以发现，在市场竞争中，消费者的行为策略会不断演化，从最初的随机选择到逐渐趋向于采用相对优势的策略。同时，消费者之间的互动也影响着策略的演化。

综合而言，本章的研究为了解消费者在生鲜水产品网购中的行为决策提供了新的视角。借助演化博弈方法的应用，揭示了消费者之间策略互动的动态特征及其演化规律，为电商平台在供应商选择方面提供了更深层次的分析视角，从而助力其优化市场竞争策略和定价策略。这些研究结果为后续章节的分析和决策提供了重要的理论支持，也为生鲜水产品电商平台供应商优选的研究提供了有力的支撑。

第七章
生鲜水产品电商竞争策略分析：
供应商优选研究

　　考虑到生鲜水产品供应商优选分析时存在的大量模糊性和不确定性因素，如消费者评估和供应商的综合评价，本文引入单值中智集（SVNLS）方法来适应该模糊决策环境，在单值中智语境下提出了一种利用单值中智组合加权对数平均距离（SVNLCWLAD）度量的新型多属性群决策模型。单值中智集是一种常用的模糊工具，用于描述在不确定的复杂情境中的偏差信息，特别适用于多属性群决策问题。通过引入 SVNLS 方法，可以更好地处理这些不确定性因素，将消费者的模糊偏好和评价转化为数学模型，以支持决策过程的科学性和客观性。因此，引入 SVNLS 方法对于解决生鲜水产品供应商优选问题具有重要的作用。

　　此外，消费者主权理论强调市场经济中消费者在决定生产和供应的商品和服务方面的主导地位，该理论认为，市场是一个反馈机制，通过市场反馈，供应商能够了解消费者的需求并做出相应的调整。如果市场反馈是有效的，供应商将更好地满足消费者的期望。消费者主权理论在生鲜水产品市场中具有重要意义，因为这个市场受到供应和需求波动的影响，而消费者的需求和购买力在很大程度上决定了市场中哪些产品会得到生产和销售。因此，消费者主权理论可以帮助生鲜水产品市场的供应商更好地理解消费者的需求、购买决策和偏好，从而更好地调整他们的供应策略，提供符合市场需求的产品和服务。这有助于提高市场效率，满足消费者需求，并加强竞争。同时，政府和监管机构也可以根据这一理论来制定政策，以保护消费者权益和确保市场的公平性。

　　基于此，本文以消费者为中心，以消费者主权理论为指导思想，从竞争情报分析的视角探讨生鲜水产品网购行为及决策，采用综合方法探究各类影响因素如何影响平台供应商优选决策，并考虑引入单值中智语言对数加权距离度量方法用于综合考虑多指标，辅助决策者在复杂情境下进行供应商优选。

■ 第一节　生鲜水产品供应商优选的基础理论

一、全产业链理论

（一）产业链内涵的界定

国内外学者都是从最终消费者获得产品的形成逻辑性以及各个环节的关联度来进行分析的。赫希曼提出产业链指产业的前向和后向联系，随着价值链、创新链等概念的涌出和深度研究应用，学者们更加注重产业链关联度的研究[124]。荷利汉强调了产业链是供产销环节的物质流动过程[125]；史蒂文斯强调了产业链是纵向系统的物流和信息流[126]；哈里森强调了产业链是产品价值保值、增值的功能网络[127]。迈克·波特在《竞争优势》一书中首次提出价值链的概念，他认为"从价值形成过程来看，企业从创建到投产经营所经历的一系列环节和活动中，既有各项投入，同时又显示价值的增加，从而使这一系列环节连接成一条活动成本链。价值链为一系列连续完成的活动，是原材料转换成一系列最终产品并不断实现价值增值的过程"[128]。

国内对产业链内涵的研究更加广泛和深入，许多学者侧重于产业链之间的技术经济链接以及增值功能。戴孝悌认为产业链是基于一定的技术经济关联的各个产业（企业）部门之间，并依据特定的逻辑关系和时空布局关系客观形成的具有价值增值功能的链条式关联关系形态。产业链的本质是描述具有某种内在联系的产业（企业）群结构，它是相关产业组织形成的一种功能性的网链结构[129]。

根据系统科学原理，分析产业链特性主要有以下几个方面。

1. 整体性　产业链是一个网链结构，其中包含有不同的相关产业和多个相关企业。这些相关企业围绕产品内分工（Intra Product Spcialization）而构成了网链结构，这个网链结构是"链""链主""体"三者的一体。"链"以产品为对象，以企业为节点，以企业之间的物流、信息流、资金流等为联系构成的一条空间链；"链主"即产业链核心企业，是在链内占据支配地位的核心企业或龙头企业，链主在产业链内要能主导物流、信息流和资金流，并通过有效分工合作，提升产业链竞争力；"体"即产业链是一个紧密相连的新型的经济组织，追求整体经济效益，链内企业不单独参与市场竞争，与链内其他企业形成协作紧密的共生系统，形成产业链竞争优势。

2. 目的性　产业链的构建以市场需求为导向，市场需求多变性决定了产业链以及产业链上各节点企业的自适应性。这种自适应性包括产业链中核心企业的变化、产业链节点企业的增删调整、产业链空间布局的调整等。

3. 开放性与封闭性　产业链组织是一个系统，又是社会系统的组成部分，所以具有自组织特性和他组织特性。因此，产业链必须与外界环境不断交换能量与信息，而由于控制的需要，系统本身的管理又必须形成封闭的回路，并进行有效的分工与协作。产业链最重要的就是链条内部企业之间的协同，所以一定的约束机制可以维持产业链条的稳定。

4. 生态性　产业链对其所处环境具有一定的能动作用。产业链不仅受到当地环境的制约，也对其当地环境产生重大影响，并促进自身发展条件的形成。产业链是由核心企业运用准一体化的契约形式构建的，产业链节点企业之间具有竞合关系，企业的优胜劣汰和协同进化又会不断强化其竞争优势。

（二）产业链演化及全产业链概念的提出

1. 产业链演化　类似所有具体的发展，产业发展是一个从低级向高级不断演进、具有内在逻辑且不以人们意志为转移的客观历史过程，这种组织特性是产业内部企业之间相互制约、相互合作、相互竞争所决定的。厉无畏和王振认为，一方面，产业发展包含产业"集群化、融合化、生态化"等一系列变化趋势，这些变化不仅"创造出各种新的消费方式"，而且推动着产业本身的创新与变革，包括产业结构方面的新内容、产业技术、产业组织方面的新动向；另一方面，他们将产业发展同未来的视角联系在一起，指出产业效率、科技创新、产业竞争、产业政策等是产业发展或产业"集群化、融合化、生态化"三大发展趋势的动因[130]。分工虽然带来了专业化效率，同时也提高了交易费用，如何进行均衡优化，需要进行产业链组织制度安排。斯密分析的是企业分工，采用了企业单一的制度设计；科斯清晰界定企业的边界，通过引入交易费用的概念，企业与市场成了两种可相互替代的制度安排；以交易成本概念为核心，威廉姆森把科斯的理论发展成了一个相当严密的体系，认为不同的交易对应着企业、中间性组织和市场三种不同的治理结构。产业链中的核心企业对于分工制度安排的选择及整合是一种企业行为，主要包括纵向一体化（企业制度）、纵向契约关系（准一体化制度）和纵向分离（市场制度）三种形式。

那么产业链演化路径是什么样的呢？在交易成本不为零的世界，分工的存在必然会产生大量的交易成本。不同的分工制度安排带来的交易成本是有差异的。对于产业链中的上下游企业而言，分工制度安排的选择提高了产业链的稳定性。但是，上下游企业间不管采取何种分工制度安排都要发生大量的交易，而不同的交易又具有各自不同的特点，产生的交易成本也不同。正如迈克尔·迪屈奇指出，只考虑交易成本理论是一个半边理论，因为它忽略了资源配置产生的效益。要全面理解产业链中分工制度安排的多样性，必须考虑所产生的成本和收益的差异性[131]。由交易成本和收益决定的产业链分工制度安排，其本质就是为了最大程度地获得分工带来的好处。产业链演化路径取决于两大要素。

（1）交易成本的变化。根据新制度经济学对经济组织研究的基本观点，产业链纵向分工制度安排的选择和经济组织的选择具有本质上的一致性。在选择高效率经济组织来进行资源配置的过程中，交易成本成为最为关键的解释变量，交易成本的高低是选择经济组织的重要参数。根据分工与交易费用经济学原理，如果专业化分工在企业内部进行，这必然会产生两种效应，即市场交易费用的节约以及企业内部组织管理费用的增加；反之，如果企业通过市场组织分工，则会导致市场交易费用的增加，企业内部组织管理费用的下降。因此，外部交易费用和内部组织费用的综合权衡是企业选择分工制度安排的重要依据。无论采取市场分工，还是企业内分工，都无法获取分工经济的全部好处，产业链核心企业可以与其他节点企业签订契约，采取介于市场分工和企业内分工的中间性组织，以有效获取市场分工和企业内分工的优势。威廉姆森把经济活动组织的两分法扩展为"企业—中间性—市场"三分法，他认为，在存在有限理性和机会主义行为倾向的情形下，资产专用性、交易频率与不确定性三大交易特性也是决定交易成本高低的重要因素，它们共同决定了经济组织对分工制度安排的选择[132]。产业链分工制度安排演变模型，如图7-1所示。

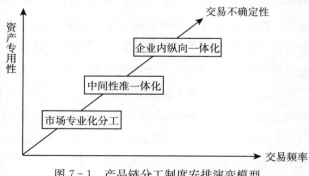

图7-1 产品链分工制度安排演变模型

（2）市场结构的变化。在产业链中，上下游经济主体所在的市场结构也是影响分工制度安排选择的重要变量，市场结构的动态演进将引起产业链上下游经济主体对合作剩余的重新分配，从而引发经济主体顺应市场结构的变迁对分工制度安排做出适应性的调整。现假设如下，产业链中只包含 2 个经济部门，其中部门 A 生产产品原料，部门 B 生产最终农产品，它们形成了上下游供需关系；公司生产每单位 B 正好投入一单位 A，产出 A 和产出 B 的计量单位相同；A 和 B 的市场上分别有 m 个原料企业和 n 个加工企业；部门内企业全部同质。部门 A 和部门 B 构成了 4 种市场结构。

2. 全产业链概念的提出　全产业链指开放产业系统中，不同产业构成要素之间相互竞争、协同与共同演进而形成一个新兴产业的过程。它是伴随着新经济时代而产生，其趋势越来越明显。

（1）福特制生产模式。1945—1974 年，近 30 年的时间，是"福特主义"（Fordism）时代，这个时代是以纵向一体化的高度控制，获取全产业链的低成本高效率。以福特汽车公司为代表的福特制时期的企业，通过将产品内分工和标准化、程序化的过程，实现大规模生产和规模经济，最终获得劳动生产率的提升。福特制生产模式下，企业以大规模消费为市场导向，专注于大批量、少品种的集中化生产，以专业化分工为基础，以高效率低价格取得竞争优势。为了有效降低产品价格，福特发明了生产流水线，并将生产流水线的标准化推广到整个汽车产业链，运用一个大型企业集团的高度计划控制，形成了大而全的相对单一的纵向一体化生产体系，从而获得规模成本优势和垄断竞争优势。虽然这时并未提出全产业链的概念，但是全流程控制的思想与实践已经开始。随着 20 世纪 70 年代世界石油危机引发的世界经济严重衰退，使福特制生产模式的内在缺陷突现出来，导致了"福特制危机"，发达资本主义国家由此开始了近 20 年的经济结构调整过程。大批量、标准化生产和大众化消费为基础的生产和生活方式发生了改变。

（2）丰田制全产业链。1975—1985 年，近 10 年的时间，是"丰田主义"时代，欧美学者称之为"后福特主义"（Post-Fordism）时代。丰田制在汲取福特制标准化、流水线作业等合理内核，结合外部环境和条件，对整个产业价值链作出了创新性的调适和变革。这种创新主要表现在更加关注市场，按单生产（Make to Order）；更加注重虚拟价值链的构建，保留具有竞争优势环节，把其余生产制造过程中的一些模块外包，在产业链中建立合作伙伴关系，并保持自身在整个产品价值链中的核心主导地位。外包企业与核心企业之间构成了契约关系，形成了准一体化的全产业链。这种类型的全产业链竞争的焦点不仅在于质量、成本、速度，更重要的是核心企业对全产业链的控制力和领导力。如果说福特制生产模式仅仅是一种全流程的控制思想，那么丰田制生产模式已经具备了全产业链管理的所有特征，应该说丰田制生产模式标志着全产业链管理的真正诞生。

（3）温特制全产业链。1986 年至今，是"温特尔主义"（Wintelism）时代，这个时代的典型标志是基于模块化技术为主导、信息技术为基础的全球范围内资源有效配置。模块化生产（Modular Production）将复杂的生产进行多块的简单化分解，这些模块又可以在不同的专业化企业中独立地被设计、制造，而这种"独立性"正好可以使各模块生产企业的核心竞争力得到强化。通过模块化设计、模块化制造、模块化装配，实现大规模定制的高效、低成本生产，整个过程都体现了顾客的个性化需求，大大提高了顾客满意度。核心企业通过高科技和强大的信息网络，制定产品标准，控制和整合全球资源，使产品在最能被有效生产的地方，以模块方式进行组合，从而构建全产业链竞争优势。

目前，这种全产业链管理模式已不限于现代计算机和电子信息产业，还延伸到汽车等其他产业。

二、农业全产业链

20 世纪 90 年代以来，中国农业企业面临着竞争全球化、食品安全问题严峻以及消费者需求变化等情形，农业发展已经不再是一个孤立和单一的问题，其与经济、资源、环境等因素的联系更为紧密。为适应环境的变化，农业龙头企业致力于提高与产业链上下游其他个体（如供应商与消费者）之间的关系，重视产业链管理以提高竞争优势。

农业全产业链模式是由国际食品巨头 Bunge、Caigill、ADM（Archer Daniels Midland）、Kraft 等为解决食品安全问题率先实施，国内由中粮集团 2009 年首次提出，进而被其他农业企业推广并实施的一种新兴的农业产业链模式。

（一）农业全产业链组织模式发展的原因

1. 信息技术的影响 20 世纪 50 年代以来，信息技术的变革以及向其他领域的迅速扩散，对人类社会发展进程产生了深远的影响。这种影响随着 20 世纪 90 年代互联网技术、光传输技术、无线传输技术等高新技术的出现与扩散而越来越突出。信息技术变革与扩散促进了新兴信息产业的产生，而新兴信息产业的演进又进一步推动了工业经济时代向新经济时代的演进。信息技术的发展把全球各地市场连接在一起，形成了一个巨大的市场，促进了分工的演进，即由原来的国内分工向国际分工发展。一方面，在跨国公司的推动下，技术、资金、人才等生产要素在全球市场内进行有效的配置，导致产业价值链的分解与重组；另一方面，信息化进程的加快，产业关联中的信息流越来越强大并成为产业关联的主导性基础。而且，知识在企业核心竞争能力中的主导地位越来越明显，而知识的数字化与可编码化，加快了知识的传播与扩散，从而缩短了知识获取的时间，加快了知识的创新。

2. 市场需求的影响　全球化与现代化的双重席卷下，消费者特征发生很大变化。一是需求越来越多样化。消费者收入的提高以及闲暇时间的加长，以网络为平台的智能化和大规模定制生产方式的产生，都影响与推动了消费者需求的多样化及差异化，绿色消费、情感消费、定制消费、休闲消费、快消费、科技消费等渐成主流。二是消费者的主体地位的确立。随着市场由卖方市场向买方市场的转变，消费者权益保护制度的完善，以及信息技术与网络搜索技术的发展，消费者的地位发生了很大的变化，即由过去的被动接受者的地位向占优势的主体地位转变。

3. 环境规制的影响　工业文明的迅猛发展，人类活动在广度、深度及力度等方面全面跃进，人们享受着现代文明带来的前所未有的巨大利益和欢愉。然而，高投入、高消耗、高污染的粗放经济增长模式带来了全球环境问题。20世纪70年代，人们对环境规制的研究拉开了序幕，西方出台了一系列的法律，以规制健康、安全、环境（HSER；Health，Safety and Environmental Regulations）。环境规制经历了从命令控制型，到命令控制型和激励型结合，再到20世纪90年代的信息披露型的过程。韩晶等根据1995—2007年中国区域及产业数据分析了环境规制对产业升级的影响，结果表明，当产业发展到一定阶段，较高的环境规制水平会激发企业的创新热情，优化产业内部的资源配置效率，提升产业层次[133]。

4. 产业升级的影响　自党的十一届三中全会以后实行家庭联产承包责任制以来，农户取得经营权的激励，生产率得到了极大地提高。但是过度分工，规模经济难以实现，机械设备难以推广，产业链过长过于分散，农产品价格高、质量低，遭遇提价、农业补贴两个"天花板"和生态环境、资源条件限制两个"紧箍咒"。从20世纪80年代中国农业企业就开始探索产业化发展路径，至今已经历了"公司十农户"产业化组织模式、"企业＋中介组织＋农户"产业化组织模式，并逐渐转向"公司十合作社联合社十农户"高级产业化组织模式。农业产业升级就是按照国家新型农业现代化的战略部署和要求，积极鼓励家庭农场、合作社、龙头企业发展多种形式的适度规模化经营，进而通过合理的契约分配模式，实现产业化经营主体目标协同发展。

（二）农业全产业链组织模式的特点

1. 以龙头企业为主导　从中国农业产业化组织模式的演变来看，产业链核心企业即农业龙头企业起着举足轻重的作用。农业龙头企业具有规模优势、品牌优势、技术优势、资本优势和智力优势，有能力对整个产业链进行连接，而且在质量规制与市场竞争比较激烈的环境下，龙头企业为了维护品牌声誉，也有动力整合全产业链，开展市场开拓、标准化管理、技术升级、质量保证等工作。

2. 采用准一体化制度设计　产业链整合指将农产品产前、生产、加工、流通、销售等环节，整合成畅通、统一、协调的整体，从而获得协同效应和规模效应。股权参与形式的准一体化可以降低订单签订、履约等方面的交易费用，也可以将市场风险分散到全产业链，并共同享有市场激励机制。

3. 以信息技术为基础　农业全产业链的信息传递涵盖链条内部与外部之间的信息流动，以及链条内各环节之间的信息交流，是带动产业链价值流与物流发展的重要因素。信息在全产业链的透明化可以增强组织之间的协调性和合作性，提高农产品生产、加工、运输和销售等环节的协作度，提高农业全产业链的实际效能。

4. 以市场需求为导向　根据消费者需求特征确定全产业链的战略定位，根据全产业链的战略定位构建全产业链的组织结构及运行效率。消费者的需求总是在质量、品种、价格、速度和便利性等方面进行组合，那么核心企业也必须在这些要素中进行权重设计和平衡，从而设计全产业链运行模式。消费者需求定位不同，全产业链的结构也会有所不同。

（三）农业全产业链主要类型

农业全产业链的分类标准很多，有面向产品类型分类的，如水产品全产业链、蔬菜全产业链、水果全产业链、猪及猪肉全产业链、生鲜全产业链等；有面向参与主体分类的，如"公司十农户"全产业链、"公司十中介组织十农户"全产业链、"公司十合作社联合社十农户"全产业链等。以全产业链的核心企业作为分类对象，可以将农业全产业链划分为食品加工企业主导型（双汇集团）、产销综合型企业主导型（中粮集团）、电子商务主导型（天猫喵鲜生）、超市主导型（永辉超市）。

在"互联网＋"农业的环境趋势下，生鲜电子商务已经成为农业全产业链组织的典型模式。

三、全产业链准一体化组织性质

全产业链的实施必须依靠有效的组织架构，恰当的契约关系和规制结构。

市场交易农业是"农户＋市场"的模式；合同生产农业是"农户＋企业＋市场"的模式，是为了远期交货而生产农产品。合同生产农业已经逐渐从市场专用性生产合同（也被称为销售合同）发展到资源供给型合同，生产方和契约方不仅就农产品的交货时间、定价模式和产品特性进行交涉和商议，契约方还为生产者提供产品的销售市场，参与产品的生产决策，同时还保留重要生产投入的所有权。合同生产模式无法保障农户的利益，农户的联合才能参与产业链的公平博弈。纵向一体化是"企业＋市场"的模式，运用科层关系控制纵向系统生产、加工及销售。龙头企业牵头组建股份制合作社，吸纳农户加入，通过市场价格机制和企业权威机制两种方式进行资源配置，进行有效激励，从而实现差异化战略的独特竞争力。从分工理论、交易成本费用理论和产权理论三个方面分析，全产业链采用"公司＋股份合作社＋农户"的准一体化交易模式具有比较优势。

（一）全产业链准一体化组织的分工解析

1. 保存农户家庭经营的生产优势　农业生产活动与其他部门相比，具有显著的自然性和分散性。农业生产的自然属性表现在农业生产的对象是动植物有机体，生产过程必须按照动植物有机体的生长规律进行，受生物的周期性和自然条件的影响很大，农业生产经营要求给予直接生产者充分的自主权、决策权，以便对不断变化的自然条件采取相应的对策；农业生产的分散性表现在农业生产的地点是分散的，加之生产过程受自然条件的影响很大，导致生产者控制生产过程和最终结果的能力有限，很难计量雇佣劳动的努力程度，机会主义容易产生，农户经营在农业生产中仍然具有特殊的优势。

2. 发挥龙头企业的组织优势　农户家庭经营虽然在种养植、殖环节具有生产优势，但是"小而散"的农户，在农资采购与供应、农产品物流与营销、农产品加工和储藏保鲜、农产品安全和品牌建设、农业金融保险或农产品期货市场等领域劣势日益凸显。"公司＋股份制合作社＋农户"的农业经营模式以市场为导向，以龙头企业为核心，以合作社为纽带，以农户为基础，实现农产品差异化战略的全程垂直分工，优化配置生产要素，提高农产品附加值。龙头企业在资金、技术，人才、管理等方面有能力拓展市场渠道，捕捉市场差异化需求信息，通过技术创新和标准化管理满足差异化需求，以实现农业产业的规模经济和范围经济。

3. 实现合作社的利益联结 农产品差异化战略采用"公司＋股份制合作社＋农户"的组织模式，股份制合作社起到了有效的利益联结。股份型合作社是将股份制与合作制相结合的一种新的合作社形式，由农业龙头企业或农村产销大户等非纯农业生产者发起，成员异质性特征明显，其产权安排具有显著的分层性和分群性。公司与农户通过建立合作社，将外部交易关系内部化，双方通过产权纽带建立起风险共担、利益共享的机制，从而约束了各自的经营行为，加大了各自的违约成本，特别是在农产品买方市场条件下，龙头企业带领农民建立农产品销售合作社，有助于帮助农民建立稳定的农产品销售渠道，快速提升农产品的生产品质，延伸农产品的产业链条，分享农产品的增值收益。

（二）全产业链准一体化组织的交易成本解析

交易具有三个关键特征：不确定性、交易发生的频率、特定交易投资的程度。

资产专用性指资产用于特定用途后被锁定很难再挪作他用的性质，农产品差异化战略导致的资产专用性主要有场地专用性、实物资产专用性、人力资本专用性、关系资产专用性和品牌资产专用性等五个方面，如表 2-3 所示。农产品生产的地理标志决定其生产区域；农产品差异化的物流特性决定制造车间、仓储地点；特定的销售区域决定物流的集约化；特殊的加工工艺和物流需求决定了特定的生产设备和物流设备；特殊的加工工艺决定了特定的专业技术工人和专业管理人员；差异化的市场定位决定了特定的销售渠道和顾客关系；差异化的市场定位必须通过商标注册品牌促销和农产品"三品一标"认证加以确认并推广，并且通过有效的促销活动进行市场拓展；差异化战略整个供应链的交易关系很固定，交易频率很高，机会主义产生的可能性增大。农产品差异化战略的不确定性既有农产品供应链的内部风险也有外部风险。内部风险与供应链参与主体的利己主义和信息不对称有关，差异化战略交易过程的专属性，造成市场被少数人把持；外部风险影响因素较多，如政策、技术及自然环境等。

威廉姆森"交易—协议—经济 组织体制"认为，合理的组织结构和机制设计，能够更好地节约交易费用，提高交易效率。农业产业化经营的经验表明，农产品差异化战略具有资产专用性高、交易不确定性大和交易频率高的属性，龙头企业通过纵向协作，把农户的生产经营活动内部化，从而降低机会主义，提高合作效益[134]。

（三）全产业链准一体化组织的产权激励分析

以哈特为代表的产权理论学派认为任何契约都具有不完全性，应该设计一种机制保护事前（关系专用性）投资激励，实现次优化社会福利效果。

纵向一体化的企业获得剩余控制权的激励，对特定市场进行专业资产的投资（关系专用性投资）需求就增加。但是这种投资容易导致交易对方的敲竹杠行为，为了减少这种行为，合意的做法是由一方将契约中难以明确的这部分剩余控制权购买过去。但是纵向一体化治理同样会面临着失去剩余控制权的一方激励不足的局面。"公司＋股份合作社＋农户"的准一体化组织模式中，龙头企业主导创建合作社，持有合作社的大部分股份，拥有合作社的控制权，可以将企业的品牌优势、管理优势、技术优势等在整个农产品供应链中进行推广；农户通过交纳股金参加合作社，并按合作社章程进行管理、监督，在经济活动收入中既享有商品交易收入又享有股份权益收入，来自土地自主经营的剩余控制权又能极大激发农户的生产积极性。

四、全产业链组织关系型契约及激励机制

（一）全产业链组织关系契约性质

契约理论将所有交易都视为一种契约关系，并把这种契约关系作为经济组织分析的基本要素。继威廉姆森之后，经济学家开始用博弈论的方法来探讨契约治理问题。经济组织被划分为现货雇佣、现货外包、关系型雇佣和关系型外包四种。

全产业链组织是两个或两个以上的主体在一个较长的时间内，依靠主体间的协调和重复交易，通过正式的和非正式的制度安排所构成的一种互相依赖、共担风险、共享收益的组织形式。全产业链组织的合作活动以其固有的不确定性，使得合作交易变得十分复杂。那么，运用"自我实施"的关系契约来分析长期合作就显得非常适合。

企业内部和企业之间的关系型契约有助于避免正式契约安排中的困难，即必须由第三方来执行。全产业链组织所构建的关系契约具有以下特征。

1. 关系嵌入性　全产业链组织的契约关系是在动态过程中逐步形成与实现的，并随着交易时间的延续和交易的展开而不断修正，具有关系嵌入性（Relational Embeddedness）。由于契约的不完全性，全产业链组织合作双方很难签订一份完整的契约，契约的完善是一个过程。合作双方在交易开始的时候，只是规定一个大致的约束框架，在长期合作过程中依靠企业间频繁的交流和沟

通来步步充实和实现合作内容。这种契约不依赖于法律，是可以自我实施的。

2. 时间长期性　全产业链组织契约关系是在一个较长时间内的重复性交易，具有时间长期性（Extended Duration）。市场交易具有偶然性和临时性的特点。纯市场中的交易双方从各自的需求出发在市场上买卖产品，双方在一次性的交易完成以后不再存在经济上的联系。第二次交易在他们之间发生是很偶然的事情。而全产业链组织参与主体之间的交易则不同。通过横向和纵向联系，众多企事业单位聚集在核心企业周围，形成了规模经济和范围经济优势。在同一价值链中处于不同的环节的参与主体间形成一种相对稳定的分工和合作关系，交易对象是相对固定的。因而，全产业链组织的交易能够保持长期性和相对稳定性，是一种重复交易。

3. 自我履约性　全产业链组织的交易契约通过合作和其他补偿性技术来处理，具有自我履约性（Self-Enforcing）。研发活动具有很大的不确定性，缔约双方很容易产生机会主义行为（Opportunism）。预防或减缓机会主义行为的途径就是双方"缔结"有效的契约，其治理机制除了正式契约，还包括成员企业之间基于声誉的非正式契约，后者在重复合作时显得更加重要。经验发现，几乎所有的社会，哪怕是制度功能完善、法律机制健全的国家，人们已经不再直接倚仗正式的法律机制来处理交易纠纷。

（二）全产业链组织关系契约模型

关系契约治理本质上是介于运用价格机制进行市场治理以及通过企业内部垂直一体化进行层级治理两种极端跨组织治理之间的治理模式，全产业链组织关系契约治理机制主要指交易双方使用关系规范或者对关系连续性的预期价值来抑制机会主义，如图7-2所示。

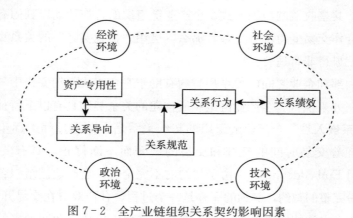

图7-2　全产业链组织关系契约影响因素

从嵌入性视角来看，关系契约的治理过程实际上是通过关系规范来引导和约束契约的实施。关系规范在此过程中起到了核心作用，它为关系契约提供了具体的行为标准和操作框架。理性行为理论认为关系规范指个体依从于各种社会压力的信念，更详细地说，是个体对他们所在乎的人会如何看待他们的特定外显行为的信念。因此，从宏观意义上说，现代农业协同创新网络是嵌入在由其构成的社会结构之中的，并受到来自社会结构的经济、技术、制度、文化等因素的影响；从微观意义上来说，全产业链组织是由生鲜电商、农户、家庭农场、合作社、加工企业、物流企业等构成的。

1. 关系导向（Relationship Orientation）　关系导向指人们对人际关系的基本认识和信念，如对关系重要性和目的性的认识。关系导向与社会资本密切相关：关系导向越强的组织越是重视建立、发展和维护与各方面的关系，因此也就会积累越多的社会资本；社会资本越丰富的组织，越是深知社会资本的益处，因此也会有越强的关系导向。中国人历来重视人际关系的发展、维护和利用，有着比较强的关系导向。其中，既有文化方面的原因，也有制度方面的原因。

2. 资产专用性（Asset Specificity）　全产业链组织的本质是参与各方达成一般性资源共享协议，实现单个或若干项目合作，开展跨机构多项目协作，设立网络联盟，建立战略联盟等；而形成稳定的协同创新机制，其根本在于利益协调，政府和产学研各方均事先确认各自利益范围与责任边界，设定风险分担和利益分配机制，并辅以一定的风险投资机制。这种创新形式具有契约的不完全性，投资专用性较高、交易的持续时间较长，价格已无法提供所需要的所有调节，此时，契约的治理机制适用关系契约。全产业链组织参与主体一旦谈判成功，双方都进行了专用性资产的投资，这时双方的投资收益都可能处在风险之中，双方都有一定程度的垄断力量，也就是说，另一方已不再可能不承担很高的成本就转向别的地方或别的合作对象。由于合约是不完全的，不可能事前就预见到事后有可能出现的情况并规定对付的方法。第一，双方可能会因修正合同而争论不休；第二，在事后讨价还价的过程中，由于双方具有不对称的信息，所以他们可能达不成有效的协议。而对于事后成本的预期，又会产生事前成本。一方可能不愿进行这种投资，因为担心在重新签约时受到另一方的剥削，即担心收不回投资成本。

3. 关系规范（Relationship Norms）　麦克尼尔认为关系规范是在交易过程中形成的、具有约束性的、得到双方认可的不成文的习惯性规则。关系规范是创新联盟结构的内生产物，一旦合作伙伴走到了一起，随着交易、回馈等互动行为的发生，关系规范随即建立[135]。

但是，关系规范的形成不仅与全产业链结构有关，还与参与主体以往的合作经验以及全产业链主体正在实施的行为有关，这就使得关系规范的倾向具有了不确定性。从嵌入性的角度来看，关系契约治理是关系契约通过关系规范的治理。关系规范是关系契约的实质性内容与准则。事实上，关系规范对机会主义行为的制约作用往往比创新联盟结构更具效率，因为关系规范是参与主体间形成的一种习惯性行为准则。虽然关系规范仅是一种不具有法律效力的非正式制约机制，但是这种机制却可以有效规避交易中的投机行为，其作用是作为正式机制的全产业链结构无法替代的。

4. 关系行为（Relationship Behaviors） 关系行为指全产业链组织参与主体用于发展、维持或利用相互之间关系的行为和努力。由于关系治理更多的是产业链关系的双方，通过沟通、进一步协商等解决存在的问题或对未来的发展进行规划和预期，因此治理机制更多是通过双方建立的信任、承诺以及合作的意愿等来共同维护与改进现有关系并共同致力于未来的发展。

5. 关系绩效（Relationship Performance） 绩效是所有商业活动的最终指向。全产业链绩效划分为战略性绩效和任务性绩效，战略性绩效主要衡量产业链对创新主体战略位势和竞争优势的影响，而任务性绩效则测量产业链各方具体任务合作的完成程度和完成效率。

从长期关系角度来看，作为价值的共同创造者和合作关系的管理者，关系绩效在很大程度上取决于各方在互动中表现出的行为。

（三）全产业链组织关系契约治理机制

1. 价值机制（Value Mechanism） 全产业链组织是建立在共同价值目标基础之上的，互利性的交换是全产业链组织参与各方构建和维系关系契约的主要原因之一，因此利益导向型治理是激励专用性投资做出的根本机制。由于关系契约会长期延续，所以全产业链组织参与主体缔约各方都会相互握有一种双向和自动地控制对方的能力，一方针对另一方违反契约条款的办法就是终止契约，不需要政府和第三方的干预。在契约伙伴清楚他们是相互依赖并互相握有要挟资本时，这种方法更为有效。利益导向型治理实现的充要条件就是各方未来合作的价值足够大，大于不履行合约的机会收益。也就是契约成员在遵守关系契约可以带来更多利益时，就会选择遵守关系契约。相关研究指出，全产业链组织参与主体的关系价值机制可以分为两类，联合价值创造（Joint Value

Creation）和价值攫取（Value Appropriation）。联合价值创造指在特定企业间关系安排中，关系成员间以增强整个合作安排的累积价值为最终目的的价值协同创造与共同目标的达成。价值攫取则不考虑新价值创造，主要作用于关系成员间关系中关系租金的分配，关注本方如何在契约关系中攫取更大的利益份额。

全产业链组织主体间实施高强度关系行为，可以获得较高的联合价值创造和价值攫取，好的关系绩效又可以促进主体间的相互依赖性，而这些无疑会让参与主体取得关系租金，从而促进合作主体间高强度关系行为，形成良性循环。当然，整个循环过程中还要考虑到分配的公平性问题，如图 7 - 3 所示。

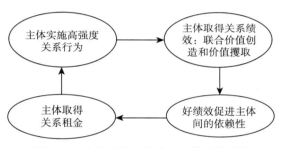

图 7 - 3　全产业链组织参与主体价值机制

2. 声誉机制（Reputation Mechanism）　关系契约能够自我实施依赖于违约后受惩罚的力度，作为惩罚的间接手段之一，声誉的丧失可以使参与方在未来的发展中失去竞争力。如果全产业链某一主体违约使声誉受到严重的损失，势必影响与其他主体合作关系的建立。在关系契约实施过程中，声誉起着重要作用。其原因在于，签约双方不仅要考虑当前，还要考虑未来；不仅要考虑缔约方的利益，还要考虑未来可能对自己产生影响的交易对手的态度。在一个重复博弈中，一个参与主体的行动时可以影响到其他主体的选择，别人可以从该组织的行动中判断其履约的能力，了解其信誉状况，并由此决定与其合作关系。由于声誉的作用，即使契约不完全，合作的结果仍然可以实现。例如，一个主体履约的情况被全产业链组织的伙伴或同行业其他组织看到，也就成了其他组织决定是否与其合作的决策依据，如图 7 - 4 所示。

全产业链组织参与主体建立良好声誉，可以促进主体间的交易机会，而这些无疑又会让参与主体取得声誉租金，从而促进创新主体建立良好声誉，形成良性循环。当然，这个循环过程中必须考虑到声誉信息的检测和传递是否能达到对称。

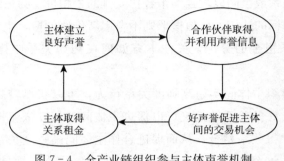

图 7 - 4   全产业链组织参与主体声誉机制

■ 第二节   不确定的竞争环境下的多属性群决策

在多属性群决策（MAGDM）问题中，随着被评估对象复杂性的增加，其评价过程的模糊性和不确定性特征也在不断增加。因此，研究合适的模糊工具来描述这种不确定信息在 MAGDM 问题中显得至关重要。第四、五章的研究结论显示，消费者意愿和消费者行为在生鲜水产品电商领域具有高度的不确定性。因此，生鲜水产品电商平台供应商优选问题是不确定的竞争环境之下的多属性群决策问题。迄今为止，已经涌现出许多工具，如语言术语集[136-137]、直觉模糊集（IFS）[138]、犹豫模糊集[139]、毕达哥拉斯模糊集[140]、单值中智模糊集[141]和 q-运算正交模糊集[142]，它们显著减轻了决策者在决策过程中表达属性评估的负担。

为了解决不确定的竞争环境下的 MAGDM 问题，Ye 提出了单值中智模糊语言集（SVNLS）[143]，广泛用于处理复杂决策情境下的不确定性或模糊性。SVNLS 的独特优势在于它结合了语言集[137]和单值中智模糊集的特点[140]，因此可以更全面、更具体和更准确地描述不确定信息。此外，与以前的方法（如毕达哥拉斯语言集[144]和直觉语言集[145]）相比，SVNLS 可以克服它们的缺陷，因为它使用三个元素（真值、不确定值和假值）来表示被评估对象的不确定性。截至 2024 年，SVNLS 已经引起了研究人员越来越多地关注。例如，Ye 将经典的 TOPSIS 方法应用于 SVNL 环境，并探讨了其在供应商选择中的应用[143]。Guo 和 Sun 提出了一种基于前景理论的 SVNL 信息决策方法[146]。Zhao 等引入了一些 SVNL 诱导的 Choquet 积分聚合算子，并研究了它们在

MAGDM 中的实用性[147]。Ji 等研究了 SVNLS 的特点，并利用它来表达外包供应商的不确定性[148]。Wang 等研究了用于聚合 SVNL 信息的 Maclaurin 对称均值方法[149]。Chen 等提出了一种用于 SVNLS 的有序聚合距离度量，开发了 SVNL 有序加权平均距离（SVNLOWAD）度量[150]。基于 Chen 等的工作[138]，Cao 等[151]开发了 SVNL 组合聚合距离度量。Garg 和 Nancy 研究了 SVNL 优先加权算子，并用它们来处理属性间的优先关系[152]。

在 MAGDM 领域，距离度量常常用于计算理想集合与潜在备选方案之间的偏差。在度量中，距离的构建对于测量起到决定性作用，包括加权汉明、加权欧几里得和加权闵可夫斯基距离等加权距离度量是最常用的距离度量之一[153]。由 Merigó 和 Gil-Lafuente 引入的有序加权平均距离（OWAD）度量已经成为一个非常流行的工具[154]，并得到了许多扩展，如语言 OWAD[155]、诱导 OWAD[156-157]、重型 OWAD[158]、连续 OWAD[159]、直觉模糊 OWAD[160]、犹豫模糊 OWAD[161-162]和毕达哥拉斯模糊 OWAD 度量[163-164]。Alfaro-García 等[165]基于对数聚合方法[166-167]提出了 OWAD 度量的一个新扩展，称为有序加权对数平均距离（OWLAD）度量。受 OWLAD 的启发，Alfaro-García 等进一步开发了诱导 OWLAD（IOWLAD）度量[168]。

本文提出了一系列 SVNL 加权对数距离度量方法，以突出 SVNLS 的理论和应用。首先，提出了 SVNL 加权对数平均距离（SVNLWLAD）度量和 SVNL 有序加权对数平均距离（SVNLOWLAD）度量。基于 SVNLWAD 和 SVNLOWLAS 度量的主要优势，提出了 SVNL 对数组合加权对数平均距离（SVNLCWLAD）度量。它既能权衡 SVNL 的偏差，又能考虑它们的有序位置，从而使其能够克服以前的 SVNLWLAD 和 SVNLOWLAD 度量的局限性。同时，还研究了 SVNLCWLAD 的主要性质和特殊情况。基于提出的 SVNLC-WLAD，制定了一种基于 MAGDM 的方法，并通过供应商优选问题验证了其应用。

■ 第三节　单值中智语言与对数加权距离度量理论

在本节中，将简要回顾有关 SVNLS、OWAD 和 OWALD 度量问题的一些概念。

一、单值中智集

基于中智集[169]，Ye 引入了单值中智集（SVNS）的定义[141]，以提高计算效率。

定义 1[141] 设 X 为一有限集，则 X 上的一个单值中智集 η（SVNS）定义如下：

$$\eta = \{[x, T_\eta(x), I_\eta(x), F_\eta(x)] \mid x \in X\} \qquad (7-1)$$

其中，$T_P(x)$、$I_P(x)$ 和 $F_P(x)$ 分别表示集合 η 上元素 x 的真值、不确定值和假值隶属度，同时三者满足以下条件：

$$0 \leqslant T_Z(x), I_Z(x), F_Z(x) \leqslant 1, 0 \leqslant T_Z(x) + I_Z(x) + F_Z(x) \leqslant 3 \qquad (7-2)$$

为了便于分析，实数三元组 $[T_\eta(x), I_\eta(x), F_\eta(x)]$ 称为单值中智数（SVNN），表示为 $\eta = (T_\eta, I_\eta, F_\eta)$。

二、语言术语集

定义 2[137] 设 $S = \{s_\alpha \mid \alpha = 0, 1, \cdots, \tau\}$ 是由奇数个语言术语组成的有限集合，其中 s_α 表示一个语言术语，特别地，s_0 和 s_τ 分别表示语言术语的下限和上限，如果 S 满足以下 3 个条件。

（1）有序性，若 $\alpha > \beta$，则 $s_\alpha > s_\beta$；

（2）互补性，若 $\alpha + \beta = \tau$，则 $neg(s_\alpha) = s_\beta$；

（3）最大和最小算子，若 $s_\alpha > s_\beta$，则 $\max(s_\alpha, s_\beta) = s_\alpha$；$\min(s_\alpha, s_\beta) = s_\beta$。

则称 S 为一个语言术语集（LTS）。

三、单值中智语言集

定义 3[143] 设 X 为一有限集，则 X 上的一个单值中智集 η（SVNLS）定义如下：

$$\phi = \{[x, [s_{\theta(x)}, (T_\phi(x), I_\phi(x), F_\phi(x))]] \mid x \in X\} \qquad (7-3)$$

其中，$s_{\theta(x)} \in \bar{S}$，$T_\phi(x)$、$I_\phi(x)$ 和 $F_\phi(x)$ 分别表示真值、不确定值和假值隶属度，并且有以下约束条件：

$$0 \leqslant T_\phi(x), I_\phi(x), F_\phi(x) \leqslant 1, 0 \leqslant T_\phi(x) + I_\phi(x) + F_\phi(x) \leqslant 3 \qquad (7-4)$$

此外，$x = [s_{\theta(x)}, (T_x, I_x, F_x)]$ 被称为 SVNL 数（SVNLN）。设 $x_i = [s_{\theta(x_i)}, (T_{x_i}, I_{x_i}, F_{x_i})](i=1,2)$ 是两个 SVNLNs，且 $\lambda > 0$，此时有：

（1）$x_1 + x_2 = [s_{\theta(x_1)+\theta(x_2)}, (T_{x_1} + T_{x_2} - T_{x_1} \times T_{x_2}, I_{x_1} \times I_{x_2}, F_{x_1} \times F_{x_2})]$；

（2）$\lambda x_1 = \{s_{\lambda\theta(x_1)}, [1-(1-T_{x_1})^\lambda, (I_{x_1})^\lambda, (F_{x_1})^\lambda]\}$；

（3）$x_1^\lambda = \{s_{\theta^\lambda(x_1)}, [(T_{x_1})^\lambda, 1-(1-I_{x_1})^\lambda, 1-(1-F_{x_1})^\lambda]\}$。

定义 4[143] 设 $x_i = [s_{\theta(x_i)}, (T_{x_i}, I_{x_i}, F_{x_i})](i=1,2)$ 是 2 个 SVNLNs，且

$p>0$，x_1 和 x_2 之间的距离测度基于以下距离测度公式：

$$d_{SVNL}(x_1,x_2)=\left[\,|\,\theta(x_1)T_{x_1}-\theta(x_2)T_{x_2}\,|^p+|\,\theta(x_1)I_{x_1}-\theta(x_2)I_{x_2}\,|^p+|\,\theta(x_1)F_{x_1}-\theta(x_2)F_{x_2}\,|^p\right]^{\frac{1}{p}}$$
$$(7-5)$$

在定义 3 基础上，通过公式（7-6），赋予个体偏差的不同重要性等级，形成了 SVNL 加权距离（SVNLWD）度量。

$$\mathrm{SVNLWD}\big[(x_1,y_1),\cdots,(x_n,y_n)\big]=\sum_{j=1}^{n}w_j d_{SVNL}(x_j,y_j),\quad(7-6)$$

其中，相对权值向量 W 满足 $w_j\in[0,1]$ 和 $\sum_{j=1}^{n}w_j=1$。

四、有序加权对数平均距离

受有序加权平均（OWA）算子[171]的启发，Merigó 和 Gil-Lafuente[154]引入了 OWAD 度量。

定义 5[154]　设 $U=\{u_1,u_2,\cdots,u_n\}$ 和 $V=\{v_1,v_2,\cdots,v_n\}$ 是两个集合，$d_i=|u_i-v_i|$ 是 u_i 和 v_i 之间的距离，则 OWAD 度量定义如下：

$$\mathrm{OWAD}(U,V)=\mathrm{OWAD}(d_1,d_2,\cdots,d_n)=\sum_{j=1}^{n}\omega_j d_{\sigma(j)}\quad(7-7)$$

其中，$d_{\sigma(j)}$（$j=1,2,\cdots,n$）是 d_j（$j=1,2,\cdots,n$）重新排序后的值，且 $d_{\sigma(1)}\geqslant d_{\sigma(2)}\geqslant\cdots d_{\sigma(n)}$。OWAD 的相对权重向量为 $\omega=\{\omega_j\,|\,\sum_{i=1}^{n}\omega_j=1,0\leqslant\omega_j\leqslant1\}$。

基于最近 Zhou 等[166]的研究以及 OWAD 度量，Alfaro-García 等[165]引入了 OWLAD 度量。

定义 6[165]　设 $U=\{u_1,u_2,\cdots,u_n\}$ 和 $V=\{v_1,v_2,\cdots,v_n\}$是 2 个集合，$d_i=|u_i-v_i|$ 是 u_i 和 v_i 之间的距离，则 OWLAD 度量定义如下：

$$\mathrm{OWLAD}(U,V)=\mathrm{OWAD}(d_1,d_2,\cdots,d_n)=\exp\left[\sum_{j=1}^{n}\omega_j\ln(d_{\sigma(j)})\right]\quad(7-8)$$

Alfaro-García 等研究了 OWLAD 度量的期望性质，如有界性、可交换性、幂等性和单调性[165]。他们还探讨了其不同的特性，并发现它包括许多距离度量方法。然而，OWLAD 通常用于聚合精确变量信息，而不能用于处理 SVNL 信息。此外，它只能考虑有序偏差的权重，但无法考虑个体数据的重要性。因此，将开发一种新的距离度量方法，以克服 OWLAD 在 SVNL 环境中的局限性。

■ 第四节 单值中智语言对数加权距离度量方法构建

一、SVL 加权对数平均距离度量

SVNLWLAD 度量是一种新的 SVNL 距离度量方法，利用最优对数聚合来处理 SVNL 偏差，能够考虑到聚合的个体距离的重要性。

定义 7 设 $d_{SVNL}(x_j, y_j)$ 表示公式（7-5）中定义的两个 SVNL x_j，y_j（$j=1$，$\cdots$，n）之间的距离，则 SVNLWLAD 度量定义如下：

$$SVNLWLAD[(x_1, y_1), \cdots, (x_n, y_n)] = \exp\left\{\sum_{j=1}^{n} w_j \ln[d_{SVNL}(x_j, y_j)]\right\},$$

$$(7-9)$$

其中，w_j 是与距离 $d_{SVNL}(x_j, y_j)$ 相关的权重，且 $\sum_{j=1}^{n} w_j = 1$，$w_j \in [0, 1]$。

例 1 设 $X = (x_1, x_2, x_3, x_4, x_5) = \{[s_2, (0.6, 0.5, 0.1)], [s_5, (0.6, 0.3, 0.5)], [s_4, (0.7, 0.2, 0.1)], [s_3, (0.9, 0.1, 0.6)], [s_4, (0.3, 0.1, 0.3)]\}$；

$Y = (y_1, y_2, y_3, y_4, y_5) = \{[s_4, (0.2, 0.7, 0)], [s_6, (0.3, 0.7, 0.1)], [s_7, (0.6, 0.4, 0.5)], [s_1, (0.1, 0.7, 0.2)], [s_3, (0.1, 0.5, 0.6)]\}$ 是 $S = \{s_1, s_2, s_3, s_4, s_5, s_6, s_7\}$ 中的两个 SVNLSs。权重向量被假设为 $w = (0.15, 0.25, 0.25, 0.15, 0.2)^T$。SVNLWLAD 的计算过程如下所示。

（1）根据公式（7-5）计算个体距离 $d_{SVNL}(x_i, y_i)$（假设 $p=1$）：

$$d_{SVNL}(x_1, y_1) = |2 \times 0.6 - 4 \times 0.2| + |2 \times 0.5 - 4 \times 0.7| + |2 \times 0.1 - 4 \times 0| = 2.4,$$

$$d_{SVNL}(x_2, y_2) = |5 \times 0.6 - 6 \times 0.3| + |5 \times 0.3 - 6 \times 0.7| + |5 \times 0.5 - 6 \times 0.1| = 5.8,$$

$$d_{SVNL}(x_3, y_3) = |4 \times 0.7 - 7 \times 0.6| + |4 \times 0.2 - 7 \times 0.4| + |4 \times 0.1 - 7 \times 0.5| = 6.5,$$

$$d_{SVNL}(x_4, y_4) = |3 \times 0.9 - 1 \times 0.1| + |3 \times 0.1 - 1 \times 0.7| + |3 \times 0.6 - 1 \times 0.2| = 4.2,$$

$$d_{SVNL}(x_5, y_5) = |4 \times 0.3 - 3 \times 0.1| + |4 \times 0.1 - 3 \times 0.5| + |4 \times 0.3 - 3 \times 0.6| = 2.6。$$

（2）利用公式（7-9）中定义的 SVNLWLAD 来聚合个体距离：

$$SVNLWLAD[(x_1, y_1), \cdots, (x_5, y_5)] = \exp\left\{\sum_{j=1}^{n} w_j \ln[d_{SVNL}(x_j, y_j)]\right\}$$

$$= \exp\left\{\sum_{j=1}^{n} 0.15 \times \ln(2.4) + 0.25 \times \ln(5.8) + 0.25 \times \ln(6.5) + 0.15 \times \ln(4.2) + 0.2 \times \ln(2.6)\right\}$$
$$= 4.242\ 3。$$

二、SVL 有序加权对数平均距离度量

SVNLOWLAD 算子是 OWLAD 度量的有效扩展，使用了 SVNL 信息。此外，它可以看作是 SVNLWLAD 度量的一种泛化，其特点是其聚合参数的有序机制。这一机制提供了在决策过程中考虑复杂态度的机会，同时也能够处理对数偏差。

定义 8　设 $d_{SVNL}(x_j, y_j)$ 表示公式（7-5）中定义的两个 SVNLN 之间的距离，则 SVNLOWLAD 定义如下：

$$\text{SVNLOWLAD}[(x_1, y_1), \cdots, (x_n, y_n)] = \exp\left\{\sum_{j=1}^{n} \omega_j \ln[d_{SVNL}(x_{\sigma(j)}, y_{\sigma(j)})]\right\}$$

$$(7-10)$$

其中，$d_{SVNL}[x_{\sigma(j)}, y_{\sigma(j)}](j=1,2,\cdots,n)$ 是 $d_{SVNL}(x_j, y_j)$ 重新排序后的值，使得 $d_{SVNL}[x_{\sigma(1)}, y_{\sigma(1)}] \geqslant \cdots \geqslant d_{SVNL}[x_{\sigma(n)}, y_{\sigma(n)}]$。SVNLOWLAD 的相关权重向量为 $\omega = (\omega_1, \omega_2, \cdots, \omega_n)^T$，满足 $\sum_{j=1}^{n} \omega_j = 1$，$\omega_j \in [0,1]$。

类似于 OWLAD 度量，提出的 SVNLOWLAD 度量具有幂等性、可交换性、单调性、有界性和非负性等性质。

例 2（继续例 1）　假设 SVNLOWLAD 度量的权重向量为 $\omega = (0.1, 0.2, 0.25, 0.3, 0.15)^T$，基于 SVNLOWLAD 的计算过程如下所示：

（1）根据公式（7-5）计算个体距离 $d_{SVNL}(x_i, y_i)(i=1,2,\cdots,5)$（从例 1 中获得）：

$$d_{SVNL}(x_1, y_1) = 2.4, d_{SVNL}(x_2, y_2) = 5.8, d_{SVNL}(x_3, y_3) = 6.5,$$
$$d_{SVNL}(x_4, y_4) = 4.2, d_{SVNL}(x_5, y_5) = 2.6$$

（2）按降序排列个体距离 $d_{SVNL}(x_i, y_i)(i=1,2,\cdots,5)$，

$$d_{SVNL}[x_{\sigma(1)}, y_{\sigma(1)}] = d_{SVNL}(x_3, y_3) = 6.5,$$
$$d_{SVNL}[x_{\sigma(2)}, y_{\sigma(2)}] = d_{SVNL}(x_2, y_2) = 5.8,$$
$$d_{SVNL}[x_{\sigma(3)}, y_{\sigma(3)}] = d_{SVNL}(x_4, y_4) = 4.2,$$
$$d_{SVNL}[x_{\sigma(4)}, y_{\sigma(4)}] = d_{SVNL}(x_5, y_5) = 2.6,$$
$$d_{SVNL}[x_{\sigma(5)}, y_{\sigma(5)}] = d_{SVNL}(x_1, y_1) = 2.4$$

（3）利用 SVNLOWLAD 来聚合已排序的距离：

$$\mathrm{SVNLOWLAD}\big[(x_1,y_1),\cdots,(x_5,y_5)\big]=\exp\Big\{\sum_{j=1}^{5}w_j\ln\big[d_{SVNL}(x_{\sigma(j)},y_{\sigma(j)})\big]\Big\}$$

$$=\exp\{0.1\times\ln(6.5)+0.2\times\ln(5.8)+0.25\times\ln(4.2)+0.3\times\ln(2.6)+0.15\times\ln(2.4)\}$$

$$=3.7266。$$

三、SVL 组合加权对数平均距离度量

从前面的示例中，可以看到 SVNLWLAD 可以考虑输入偏差的重要性，而 SVNLOWLAD 考虑了有序偏差的权重，并基于此规则可以描述决策者在决策过程中的一些态度。然而，SVNLWLAD 没有有序聚合的功能，而 SVN-LOWLAD 无法像 SVNLWLAD 一样整合属性重要性。为了克服这些局限性，将开发一种新的距离度量方法，以结合 SVNLWLAD 和 SVNLOWLAD 度量的优点。

定义 9 设 x_j，y_j $(j=1,\cdots,n)$ 是两组 SVNLN 集合。如果：

$$\mathrm{SVNLCWLAD}\big[(x_1,y_1),\cdots,(x_n,y_n)\big]=\exp\Big\{\sum_{j=1}^{n}\bar{\omega}_j\ln\big[d_{SVNL}(x_{\sigma(j)},y_{\sigma(j)})\big]\Big\}$$

$$(7-11)$$

那么 SVNLCWLAD 称为 SVNL 组合加权对数平均距离度量。综合权重 $\bar{\omega}_j$ 被定义为：

$$\bar{\omega}_j=\gamma\omega_j+(1-\gamma)w_{\sigma(j)} \qquad (7-12)$$

其中，w_j 是 $d_{SVNL}(x_j,y_j)$ 的权重，满足 $\sum_{j=1}^{n}w_j=1$，$w_j\in[0,1]$。ω_j 是与 SVNLOWLAD 相关的权重，满足 $\sum_{j=1}^{n}\omega_j=1$，$w_j\in[0,1]$。参数 γ 是实参数，且满足 $\gamma\in[0,1]$。

显然，当 $\gamma=1$、$\lambda=0$ 时，SVNLCWLAD 泛化为 SVNLOWLAD 和 SVNLWLAD。根据组合操作规则，SVNLWLAD 可以被看作是 SVNLOWLAD 和 SVNLWLAD 度量的结合：

$$\mathrm{SVNLCWLAD}\big[(x_1,y_1),\cdots,(x_n,y_n)\big]$$

$$=\exp\Big\langle\Big\{\gamma\sum_{j=1}^{n}\omega_j\ln[d_{SVNL}[x_{\sigma(j)},y_{\sigma(j)}]]\Big\}+\Big\{(1-\gamma)\sum_{j=1}^{n}w_j\ln[d_{SVNL}(x_j,y_j)]\Big\}\Big\rangle$$

$$(7-13)$$

例 3（继续例 1 和 2） 设 $\gamma=0.6$，且在例 1 和例 2 中获得的可用信息的基础上，可以根据公式（7-12）计算综合权重 $\bar{\omega}_j$：

$$\bar{\omega}_1 = 0.6 \times 0.1 + (1-0.6) \times 0.25 = 0.16,$$
$$\bar{\omega}_2 = 0.6 \times 0.2 + (1-0.6) \times 0.25 = 0.22,$$
$$\bar{\omega}_3 = 0.6 \times 0.25 + (1-0.6) \times 0.15 = 0.21,$$
$$\bar{\omega}_4 = 0.6 \times 0.3 + (1-0.6) \times 0.2 = 0.26,$$
$$\bar{\omega}_5 = 0.6 \times 0.15 + (1-0.6) \times 0.15 = 0.15。$$

使用公式（7-11）中定义的 SVNLCWLAD 度量执行以下聚合过程：

$$SVNLCWLAD[(x_1,y_1),\cdots,(x_5,y_5)] = \exp\left\{\sum_{j=1}^{5}\bar{\omega}_j \ln[d_{SVNL}[x_{\sigma(j)},y_{\sigma(j)}]]\right\}$$
$$= \exp\{0.16 \times \ln(6.5) + 0.22 \times \ln(5.8) + 0.21 \times \ln(4.2) + 0.26 \times \ln(2.6) + 0.15 \times \ln(2.4)\}$$
$$= 3.9249。$$

显然，2 种方法都得到了相同的结果。根据前面的例子，可以看到 SVNLCWLAD 结合了 SVNLOWLAD 和 SVNLWLAD 度量的优点。因此，它既能考虑偏差的重要性，又突显了有序聚合机制。此外，它在应用方面更加方便，因为人们可以根据实际需求或兴趣灵活设置参数。

通过设计 SVNLCWLAD 度量中的参数和权重向量，可以得到一些关于 SVNL 距离度量的结论，如：

（1）当 $\gamma=1$ 和 $\lambda=0$ 时，SVNLCWLAD 分别退化成 SVNLOWLAD 和 SVNLWLAD 度量。此外，γ 值越大，越强调 SVNLOWLAD 的重要性；

（2）如果 $w=(1,0,0,\cdots,0)^T$，形成了最大 SVNLCWLAD 度量；

（3）如果 $w=(0,\cdots,0,1)^T$，形成了最小 SVNLCWLAD 度量；

（4）当 $w_1=\cdots=w_{k-1}=0$、$w_k=1$ 且 $w_{k+1}=\cdots=w_n=0$，可以获得 SVNLCWLAD 的步长度量；

（5）根据文献[153,156,160-163]中提供的分析，可以创建 SVNLCWLAD 的更多特殊情况，如 Centered-SVNLCWLAD、Median-SVNLCWLAD 和 Olympic-SVNLCWLAD 度量。

根据 OWLAD 度量的性质，可以明确 SVNLCWLAD 满足单调性、幂等性、有界性等期望性质。

（1）单调性：如果对于 $i=1,2,\cdots,n$，满足 $d_{SVNL}(x_i,y_i) \geqslant d_{SVNL}(x'_i,y'_i)$，则
$$SVNLCWLAD[(x_1,y_1),\cdots,(x_n,y_n)] \geqslant SVNLCWLAD[(x'_1,y'_1),\cdots,(x'_n,y'_n)]$$

（2）幂等性：如果对于 $i=1,2,\cdots,n$，满足 $d_{SVNL}(x_i,y_i)=d$，则
$$SVNLCWLAD[(x_1,y_1),\cdots,(x_n,y_n)]=d$$

（3）交换性：如果$[(x_1,x'_1),\cdots,(x_n,x'_n)]$是$[(y_1,y'_1),\cdots,(y_n,y'_n)]$的任意排列，则

$$\text{SVNLCWLAD}[(x_1,x'_1),\cdots,(x_n,x'_n)]=\text{SVNLCWLAD}[(y_1,y'_1),\cdots,(y_n,y'_n)]$$

（4）有界性：设$d_{\min}=\min_i[d(y_i,y'_i)]$，且$d_{\max}=\max_i[d(y_i,y'_i)]$，则

$$d_{\min}\leqslant\text{SVNLCWLAD}[(y_1,y'_1),\cdots,(y_n,y'_n)]\leqslant d_{\max}$$

此外，可以使用广义均值方法[176]提供一个更一般化的 SVNL 组合加权对数距离度量，结果是广义 SVNLCWLAD（GSVNLCWLAD）度量：

$$\text{GSVNLCWLAD}[(x_1,y_1),\cdots,(x_n,y_n)]=\exp\Big\{\Big(\sum_{j=1}^n\bar{\omega}_j\ln[d_{SVNL}[x_{\sigma(j)},y_{\sigma(j)}]]^\lambda\Big)^{1/\lambda}\Big\}$$

$$(7-14)$$

其中，λ是一个满足$\lambda\in(-\infty,+\infty)-\{0\}$的参数。可以从参数$\lambda$的变化中确定 GSVNLCWALD 度量的一些代表性情况，例如，当$\lambda=1$时形成了 SVNLCWLAD，如果$\lambda=2$，那么获得了 SVNL 组合加权对数二次距离（SVNLCWLQD）；如果$\lambda=-1$，则形成了 SVNL 组合加权对数调和距离（SVNLCWLHD）。GSVNLCWLAD 度量的其他更特殊的族群可以通过使用类似于参考文献[164-166]中提供的方法进行分析。

四、SVL 组合加权对数平均距离度量决策框架

SVNLCWLAD 适用于决策制定、模式识别、数据分析、金融投资、社会管理等多个领域。在本文中，介绍了它在 SVNL 环境下在多属性群决策问题中的应用。考虑一个多属性群决策问题，包括m个不同的备选方案，表示为$B_1,B_2,\cdots,B_m$，并邀请多名专家评估n个有限属性$A_1,A_2,\cdots,A_n$。这些属性的权重向量用$w=(w_1,w_2,\cdots,w_n)^T$来表示，且$w_j\in[0,1]$，$\sum_{j=1}^n w_j=1$。根据现有信息，多属性群决策的一般程序可以总结如下。

步骤 1 让每位专家e_q（$q=1,2,\cdots,t$）（其权重为τ_q，满足$\tau_q\geqslant0$，$\sum_{q=1}^t\tau_q=1$）利用 SVNLN 来表达对给定属性下不同备选方案的评估，从而形成 SVNL 个体决策矩阵$R^q=[r_{ij}^{(q)}]_{m\times n}$。

步骤 2 使用 SVNL 加权平均（SVNLWA）算子[143]计算集体决策矩阵$R=(r_{ij})_{m\times n}$，其中$r_{ij}=\sum_{q=1}^t\tau_q r_{ij}^{(q)}$。

步骤 3 为每个属性设置理想解，构建理想方案（表7-1）。

表7-1　理想方案

方案	A_1	A_2	...	A_n
I	I_1	I_2	...	I_n

步骤 4　应用 SVNLCWLAD 度量计算备选方案 B_i（$i=1, 2, \cdots, m$）和理想方案 I 之间的距离：

$$\text{SVNLCWLAD}(B_i, I) = \exp\left\{ \sum_{j=1}^{n} \bar{\omega}_j \ln\left[d_{SVNL}(r_{\sigma(ij)}, I_{\sigma(j)}) \right] \right\} \quad (7-15)$$

步骤 5　根据在上一步中获得的距离测度对备选方案进行排序，距离越近，方案越优，以此选择最佳的一个或多个备选方案。

步骤 6　结束。

■ 第五节　生鲜水产品电商平台供应商优选案例分析

生鲜水产品电商平台供应商的优选是一个复杂的任务，需要在不确定性环境中进行决策，并考虑到消费者的意愿和行为。通过综合考虑多个因素，电商平台可以更好地满足市场需求，提供高质量和多样化的产品，从而取得竞争优势。生鲜水产品电商平台供应商的优选涉及多个不确定竞争环境和因素，其不确定性主要源自以下几个方面。

（1）优选过程不确定性。供应商优选过程中存在大量的不确定性因素。首先，生鲜水产品的质量和供应受到季节、气候、地理位置等多种因素的影响，这些因素难以准确预测。其次，消费者的需求和偏好也受到多种因素的影响，包括时令、食品健康趋势、市场竞争等，这使得难以确定哪种产品将受欢迎。因此，供应商需要在不断变化的环境下做出决策，这增加了不确定性。

（2）供应链复杂性。生鲜水产品的供应链通常包括多个环节，从生产、运输、存储到销售，每个环节都可能受到各种不确定因素的影响，如天气、交通、库存等。这些不确定性因素可能导致供应链中断或质量波动，对供应商的选择造成挑战。

（3）消费者意愿和行为。消费者的意愿和行为在生鲜水产品的选择和购买过程中至关重要。消费者可能因为个人口味、健康考虑、文化差异等各种因素而对产品有不同的偏好。同时，他们的购买行为也受到价格、促销活动、品牌声誉等多个因素的影响。这使得了解和预测消费者的行为变得复杂和不确定。

生鲜水产品电商平台供应商的优选与消费者意愿和行为具有重要的关联，

供应商必须尽量满足消费者的需求和期望，以提供有竞争力的产品。然而，由于消费者的需求和偏好高度不确定，供应商需要不断调整产品种类、质量、定价和促销策略，以适应市场变化。这涉及对大量数据的分析，包括销售数据、市场调查、消费者反馈等，以便更好地理解消费者行为和趋势。因此，生鲜水产品电商平台供应商优选是在不确定的竞争环境中进行的分析。供应商需要面对多种不确定因素，同时不断适应变化的市场需求和消费者行为。这要求他们具备灵活性、数据分析能力和市场洞察力，以便在竞争激烈的市场中取得成功。

一、生鲜水产品供应商优选指标构建

截至 2024 年，中国拥有全球最大的生鲜水产品市场。随着经济和社会的发展，人们对生鲜水产品的质量和安全的关注也在增加。生鲜水产品进一步发展的最重要障碍已经从加工领域转移到市场流通领域。在中国市场背景下，生鲜水产品的电商发展是未来市场的重要趋势，它能够突破传统线下市场的限制，提供快捷、安全和透明的购物体验。该转变源于以下影响因素。一是消费者需求的转变。随着社会经济的发展和人们生活水平的提高，消费者对生鲜水产品的品质和便利性的要求越来越高。电商平台能够满足消费者的购物便利需求，无论是随时随地下单还是享受更广泛的产品选择。二是快捷便利的购物体验。生鲜水产品电商平台能够提供 24 小时不间断的在线购物服务，让消费者可以随时根据自己的时间表进行订购。此外，配送服务的不断完善，可以保障及时送达，为消费者带来更快捷的购物体验。三是产品质量和安全的保障。电商平台为了保障消费者的满意度，通常会有更严格的质量检测和安全标准，确保所售卖的生鲜水产品新鲜、安全、健康，这对于消费者来说是一个重要的信任保证。四是价格透明度和竞争力。电商平台通过在线比较和竞争，促使供应商提供更有竞争力的价格，同时消费者可以方便地比较不同平台的价格和产品特性，确保获得最优惠的购物体验。五是数据驱动的个性化推荐。电商平台通过大数据分析，了解消费者的购物习惯和偏好，从而提供个性化的产品推荐和优惠券，增加购买的吸引力。

上述分析可以看出电商平台在中国市场上扮演着推动生鲜水产品市场发展的重要角色。通过快捷、安全、透明的购物体验，电商平台满足了消费者对品质和便利性的需求，同时也促进了农产品产业的升级。随着科技的不断进步和消费者意识的提升，生鲜水产品的电商发展将继续成为市场的主要趋势。在该背景下，生鲜水产品电商平台供应商优选问题成为亟待解决的问题，高质量的供应商可以提供安全新鲜的原材料和高质量的产品，帮助企业扩大市场份额并提高竞争力[179]。随着供应商在生鲜水产品加工企业生产中地位和作用的不断提高，选择符合消费者需求的生鲜水产品供应商被认为是生鲜水产品供应链中最重要的战略决策。因此，寻找有效的供应商评估方法已成为生鲜水产品采购方的主要课题。在本文中，呈现了在 SVNL 环境下利用所提出的框架来解决这一问题的应用，以强调 SVNLS 理论和应用的重要性。

　　本文旨在从消费者的角度深入探讨生鲜水产品电商平台供应商优选问题，以协助电商平台选择与消费者需求相契合的生鲜水产品供应商。本文的第四、五章的研究成果表明，消费者意愿因素和消费者行为因素对于塑造生鲜水产品消费者的选择行为具有重要影响，因此在评估生鲜水产品电商平台供应商的优选问题时，这两个方面的考虑至关重要。此外，除了消费者的意愿因素和行为因素外，还需要综合考虑以下两个关键方面，以确保对生鲜水产品供应商的评价是全面的。一是供应链可靠性。供应商的供应链可靠性是评估供应商优选的关键要素之一。这方面包括供应商的供货稳定性、及时交货能力以及对市场波动的敏感度。消费者期望能够持续稳定地获得他们所需的生鲜水产品，因此供应链的可靠性至关重要。二是产品质量和安全性。无论是在线还是线下，消费者对于生鲜水产品的品质和安全性都极为关注。供应商的产品必须符合严格的质量标准和安全要求。这包括产品的新鲜程度、卫生状况、食品安全认证等方面的要素。消费者绝不愿意接受低质量或不安全的产品。通过全面考虑这些因素，电商平台可以更准确地选择与消费者需求相符的生鲜水产品供应商，从而提供高质量、安全可靠的产品，增强竞争力并赢得消费者的信任。

二、生鲜水产品电商平台供应商优选实证研究

　　基于此，本研究考虑从以下四个属性中评估可能的生鲜水产品供应商：消费者意愿因素 A_1、消费者行为因素 A_2、供应链可靠性 A_3（包括供货稳定性、及时交货能力以及对市场波动的敏感度）和产品质量和安全性 A_4（包括产品的新鲜程度、卫生状况、食品安全认证等）。三位专家［专家权重 $\tau = (0.37, 0.30, 0.33)$］利用 SVNL 信息在四个属性下评估这些备选方案，其中语言术语集被假定为 $S = \{s_1, s_2, s_3, s_4, s_5, s_6, s_7\}$。结果以 SVNLN 的形式表示，列在表 7-2 至表 7-4 中。

表7-2 SVNL 决策矩阵 R^1

	A_1	A_2	A_3	A_4
B_1	$[s_4^{(1)},(0.6,0.1,0.2)]$	$[s_6^{(1)},(0.6,0.1,0.2)]$	$[s_5^{(1)},(0.7,0.0,0.1)]$	$[s_3^{(1)},(0.3,0.1,0.2)]$
B_2	$[s_5^{(1)},(0.6,0.1,0.2)]$	$[s_3^{(1)},(0.6,0.2,0.4)]$	$[s_6^{(1)},(0.6,0.1,0.2)]$	$[s_4^{(1)},(0.5,0.2,0.2)]$
B_3	$[s_4^{(1)},(0.5,0.2,0.3)]$	$[s_3^{(1)},(0.3,0.5,0.2)]$	$[s_4^{(1)},(0.3,0.2,0.3)]$	$[s_3^{(1)},(0.5,0.3,0.1)]$
B_4	$[s_5^{(1)},(0.4,0.2,0.3)]$	$[s_4^{(1)},(0.5,0.3,0.3)]$	$[s_5^{(1)},(0.4,0.2,0.3)]$	$[s_3^{(1)},(0.3,0.2,0.5)]$

表7-3 SVNL 决策矩阵 R^2

	A_1	A_2	A_3	A_4
B_1	$[s_4^{(3)},(0.5,0.2,0.2)]$	$[s_5^{(3)},(0.7,0.2,0.1)]$	$[s_4^{(3)},(0.6,0.1,0.2)]$	$[s_3^{(3)},(0.4,0.1,0.1)]$
B_2	$[s_4^{(3)},(0.7,0.2,0.2)]$	$[s_3^{(3)},(0.4,0.6,0.2)]$	$[s_5^{(3)},(0.5,0.2,0.3)]$	$[s_5^{(3)},(0.7,0.2,0.1)]$
B_3	$[s_5^{(3)},(0.6,0.1,0.3)]$	$[s_4^{(3)},(0.3,0.6,0.2)]$	$[s_6^{(3)},(0.5,0.1,0.3)]$	$[s_4^{(3)},(0.6,0.2,0.1)]$
B_4	$[s_6^{(3)},(0.6,0.2,0.4)]$	$[s_4^{(3)},(0.5,0.2,0.3)]$	$[s_6^{(3)},(0.5,0.2,0.3)]$	$[s_5^{(3)},(0.2,0.1,0.6)]$

表7-4 SVNL 决策矩阵 R^3

	A_1	A_2	A_3	A_4
B_1	$[s_5^{(2)},(0.7,0.2,0.3)]$	$[s_6^{(2)},(0.6,0.3,0.3)]$	$[s_4^{(2)},(0.8,0.1,0.2)]$	$[s_4^{(2)},(0.4,0.2,0.2)]$
B_2	$[s_6^{(2)},(0.7,0.2,0.3)]$	$[s_4^{(2)},(0.5,0.4,0.2)]$	$[s_6^{(2)},(0.7,0.2,0.3)]$	$[s_5^{(2)},(0.6,0.2,0.2)]$
B_3	$[s_6^{(2)},(0.6,0.3,0.4)]$	$[s_5^{(2)},(0.4,0.4,0.1)]$	$[s_6^{(2)},(0.4,0.2,0.4)]$	$[s_4^{(2)},(0.6,0.1,0.3)]$
B_4	$[s_6^{(2)},(0.5,0.1,0.2)]$	$[s_3^{(2)},(0.7,0.1,0.1)]$	$[s_5^{(2)},(0.4,0.3,0.4)]$	$[s_5^{(2)},(0.3,0.1,0.6)]$

结合专家意见和专家权重，采用 $SVNLWA$ 算子计算群决策矩阵，计算结果如表7-5所示。

表7-5 SVNL 群决策矩阵 R

	A_1	A_2	A_3	A_4
B_1	$[s_{4.33},(0.611,0.155,0.229)]$	$[s_{5.70},(0.633,0.180,0.186)]$	$[s_{4.37},(0.714,0.000,0.155)]$	$[s_{3.67},(0.365,0.128,0.163)]$
B_2	$[s_{4.70},(0.666,0.155,0.229)]$	$[s_{4.23},(0.514,0.350,0.258)]$	$[s_{5.70},(0.611,0.155,0.258)]$	$[s_{2.37},(0.602,0.200,0.162)]$
B_3	$[s_{4.96},(0.566,0.186,0.330)]$	$[s_{4.70},(0.335,0.491,0.159)]$	$[s_{5.26},(0.399,0.163,0.330)]$	$[s_{3.37},(0.566,0.185,0.144)]$
B_4	$[s_{5.63},(0.450,0.159,0.286)]$	$[s_{3.67},(0.578,0.185,0.209)]$	$[s_{5.30},(0.432,0.229,0.330)]$	$[s_{2.37},(0.271,0.129,0.561)]$

根据潜在供应商的现有信息，专家确定了每个属性中表现良好的理想供应商，如表7-6所示。

表 7-6　理想方案（供应商）

	A_1	A_2	A_3	A_4
I	$[s_7,(1,0,0.1)]$	$[s_7,(0.9,0.1,0)]$	$[s_6,(0.9,0,0)]$	$[s_7,(0.9,0,0.1)]$

SVNLCWLAD 度量的权重向量和属性权重向量分别被视为 $\omega=(0.2,0.3,0.1,0.4)^T$ 和 $w=(0.2,0.3,0.3,0.2)^T$。不失一般性，假设 $\gamma=0.5$，然后使用 SVNLCWLAD 计算备选方案 $B_i(i=1,2,3,4)$ 和理想方案 I 之间的距离如下：

SVNLCWLAD$(B_1,I)=5.0778$，SVNLCWLAD$(B_2,I)=5.7808$，

SVNLCWLAD$(B_3,I)=6.7281$，SVNLCWLAD$(B_4,I)=6.6661$。

SVNLVWLAD(B_i,I)，值越小，方案 B_i 越接近理想供应商。因此，备选方案的排名如下：

$$B_1>B_2>B_4>B_3。$$

因此，最佳的备选方案是 B_1。

三、比较分析

为了验证实证结果的有效性，应用了 SVNLCWLAD 的 2 个特殊情况，即 SVNLOWLAD 和 SVNLWLAD 度量，来计算备选方案与理想方案之间的距离。通过 SVNLOWLAD 度量，有：

SVNLOWALD$(B_1,I)=5.1159$，SVNLOWLAD$(B_2,I=)=5.7758$，

SVNLOWLAD$(B_3,I)=6.7648$，SVNLOWLAD$(B_4,I)=6.8483$。

SVNLWLAD 度量得到的结果如下：

SVNLWALD$(B_1,I)=5.0401$，SVNLWLAD$(B_2,I=)=5.7857$，

SVNLWLAD$(B_3,I)=6.6916$，SVNLWLAD$(B_4,I)=6.4887$。

因此，基于 SVNLOWALAD 和 SVNLWLAD 度量得到的排名顺序分别为 $B_1>B_2>B_3>B_4$ 和 $B_1>B_2>B_4>B_3$。基于上述排序结果发现，尽管 SVNLCWLAD、SVNLOWLAD 和 SVNLWLAD 度量方法的排序结果均存在差异，但是使用不同度量方法获得了相同的最佳供应商。此外，根据前面的数值示例分析，SVNLWLAD 和 SVNLOWLAD 度量在聚合过程中强调不同的要点：SVNLWLAD 考虑了属性的重要性；SVNLOWLAD 考虑了有序偏差的重要性；SVNLCWLAD 度量统一了以前方法的所有特点，因此它能克服现有方法评价的局限性，得到更加合理的方案聚合结果。此外，相比基于 SVNLOWAD 度量的现有 MAGDM 方法，基于 SVNLCWLAD 的 MAGDM

方法具有更加灵活的应用特征[150]，因为决策者可以根据他们的意愿或实际需求调整 SVNLCWLAD 中 γ 的取值。

本章研究了生鲜水产品供应商优选问题，考虑到这一问题的复杂性和不确定性因素。为了适应这一模糊决策环境，引入了单值中智集，并提出了一种基于 SVNLS 的多属性群决策模型。这一模型利用了单值中智组合加权对数平均距离度量，以综合考虑多种影响因素，支持决策过程的科学性和客观性。在本文中强调了单值中智集作为一种常用的模糊工具，特别适用于多属性群决策问题，能够有效地处理在不确定的复杂情境中的偏差信息。通过引入 SVNLS 方法，将消费者的模糊偏好和评价转化为数学模型，从而更好地处理生鲜水产品供应商优选问题中存在的不确定性因素。本文以消费者为中心，从消费者视角出发，探讨了生鲜水产品网购行为及决策，并考虑了各类影响因素如何影响平台供应商优选决策。通过引入 SVNLCWLAD 度量方法，能够综合考虑多指标，为决策者在复杂情境下进行供应商优选提供了有力支持。

同时，本章介绍了几种 SVNL 对数距离度量方法，包括 SVNLWLAD、SVNLOWLAD 和 SVNLCWLAD 度量。通过研究它们的一些性质和特殊情况，证明了所有的 SVNLWLAD 和 SVNLOWLAD 都是 SVNLCWLAD 度量的特例，且 SVNLCWLAD 度量结合了 SVNLWLAD 和 SVNLOWLAD 的期望性质。此外，它提供了一种更通用的方法，以更高效和灵活的方式处理复杂情况，克服了现有模糊距离测度的不足之处。

保障生鲜水产品的质量和安全对人类健康和渔业公司的福祉至关重要。因此，合适的供应商选择被认为是水产品供应链中最重要的战略决策。在本章中，提供了一种基于 SVNLCWALD 度量的 MAGDM 方法，并通过生鲜水产品供应商选择问题的数学案例来验证其可行性和有效性。应用结果表明，所提出的方法是有效的，因为 SVNLCWLAD 不仅可以通过有序加权机制突出决策者的利益，还可以通过加权平均函数整合属性的重要性。此外，它为决策者提供了根据特定问题或实际兴趣的需求来灵活选择参数的可能性。同时，这项研究还提供了在其他行业选择供应商的有效指导。

总而言之，本章的研究为解决生鲜水产品供应商优选问题提供了重要的方法和工具，强调了消费者视角的重要性，并为多属性群决策问题中的不确定性因素建立了科学而客观的数学模型。在接下来的研究中，将考虑该方法在其他领域的应用，如模式识别、创新管理和投资选择[168-173]。未来的研究将在其他领域应用 SVNLS 方法，并进一步扩展 SVNLCWLAD 度量的应用范围。

第八章

结论与展望

第一节 研究结论与贡献

本文以消费者主权理论为指导，围绕生鲜水产品市场消费者意愿、消费者行为，生鲜水产品电商平台市场竞争和供应商优选等领域展开，结合行为实验、神经科学、博弈理论和多属性群决策等方法，为理解和解决相关问题提供了有价值的研究成果和见解。本文的主要结论涵盖了以下几个方面。

1. 消费者生鲜水产品网购意愿影响因素研究 通过实验和 ERP 技术，深入研究了消费者对不同类型水产品图片（动态和静态）的购买意愿。本文不仅关注了消费者的行为反应，还揭示了神经层面上的认知和情感效应，以解析消费者对不同图片类型的反应。

2. 消费者生鲜水产品网购行为影响因素研究 运用演化博弈理论，研究了生鲜水产品网购市场中的消费者选择问题。通过建立演化博弈模型，分析了消费者、平台和政府之间的策略选择和演化过程，为理解市场竞争和消费者行为提供了新的视角。

3. 在不确定的竞争环境下生鲜水产品平台供应商优选研究 针对在不确定的竞争环境下生鲜水产品供应商选择问题，引入了单值中智集方法，提出了一种新型的多属性群决策模型。在此模型中，通过 SVNLCWLAD 度量方法，综合考虑多个属性，以支持决策者在不确定性环境下进行供应商优选。

4. 政策建议和应用方向 本文不仅聚焦于理论研究，还提出了一系列政策建议，以应对生鲜水产品网购市场中的挑战，包括供应商资质认证、产品追溯体系建设、配送监管等。这些政策建议对保障消费者权益和市场公平具有实际应用价值。

综合以上结论与贡献，本文不仅在理论和方法上有所创新，还为了解消费者行为、市场竞争和供应商优选等领域提供了重要见解。本文结果对电商平台、政府监管和消费者行为都具有实际应用意义，为构建更健康、可持续的生鲜水产品电商市场提供了指导和支持。此外，SVNLS 方法和 SVNLCWLAD 度量的引入也为未来的研究提供了新的思路和方法。

本文考虑在不确定竞争环境下，结合 ERPs 方法、演化博弈方法和单值中智语言对数加权距离度量方法，从神经层面、行为层面和评价层面揭示消费者意愿和行为，以支持关于供应商优选的研究结论。通过这些创新性的研究方法，本文旨在为电商平台提供科学有效的供应商选择策略，促进电子商务领域的发展，并为相关学术研究和实践应用提供有价值的参考。本文的创新点归纳如下。

1. 在不确定的竞争环境下的供应商优选研究　生鲜水产品市场的消费者统治现象决定了生鲜水产品电商平台供应商优选需充分分析消费者意愿及消费者行为。考虑到消费者意愿及行为的不确定性特征，本文将供应商优选问题放置于不确定的竞争环境中进行研究。在现代电子商务领域，市场竞争激烈，消费者需求多样化，供应链和物流等因素的不稳定性都构成了复杂性因素。因此，本文将在这样不确定的环境下，结合消费者意愿与行为分析，探索如何选择最优质的供应商，以适应变化多端的市场需求。

2. 基于 ERPs 方法的消费者意愿影响因素分析　本文创新地运用了 ERPs 方法，即事件相关电位技术，来探索消费者意愿的影响因素。这一方法能够通过测量消费者对不同生鲜水产品的神经生理反应，从而客观、直观地了解消费者对产品属性和特征的喜好程度。这将为供应商优选提供新颖的证据和角度，使得研究结果更加科学可靠。长期以来，信息不对称是消费者在网上购买生鲜食品的主要困难。已有研究指出，图片是解决这种网络信息不对称的主要信息来源。然而，鲜有研究关注电子商务中水产品的图片展示对于消费行为的影响。本文从内隐神经层面关注消费者在购买水产品时的认知和情感加工机制，旨在探究消费者意愿影响因素的感知运动性对其购买意愿的影响。

3. 基于演化博弈方法的消费者行为分析　本文将演化博弈方法引入消费者行为分析，从而在供应商优选问题中考虑到了消费者之间的相互影响和竞争关系。通过建立演化博弈模型，本文能够深入了解消费者在不同市场条件下的决策行为，预测供应商的竞争策略以及消费者的购买行为。这样的分析有助于更好地理解供应商与消费者之间的相互作用，从而为电商平台提供更加精准的供应商选择策略。本文以生鲜水产品电商市场为研究对象，从消费者视角探讨生鲜水产品网购行为及决策。依据博弈论方法来揭示生鲜水产品网购行为的消费者选择问题，探究各方主体间的策略选择及收益分析，以期为生鲜水产品电商市场发展提供理论依据。考虑到具有主观能动性和适应性的消费者和电商平台等主体所拥有的较强的学习能力，可以在交易过程中记忆、学习相关主体的策略选择，相应的改变其自身策略，本文引入演化博弈理论来分析其长期稳定态势。本文探讨了消费者生鲜水产品网购行为及决策，系统分析了消费者、平台和政府三方策略选择的稳定性、参数阈值设定的均衡性以及各参数对主体演化的影响关系。同时，考虑到不同类型市场的分析需求，本文构建的演化博弈模型由于其大参数特性，适用于任何一种市场的演化分析。只需依据目标市场特征对其参数进行赋值，即可探究相关市场的市场特征及演化特性，反映了本文所提出模型的现实性和可拓性。

4. 引入单值中智语言对数加权距离度量方法进行供应商优选分析　本文的创新点之一在于采用单值中智语言对数加权距离度量方法进行供应商优选分析。这一方法能够综合考虑多个指标和因素，将模糊的语言描述转化为具体的数值评价，为供应商之间的客观比较和排序提供科学的依据。通过引入这一方法，本文将在供应商优选领域提供一种全新的、高效的决策工具。

■ 第二节　政策建议

競争情报能够有效辅助电商平台在供应商优选过程中识别潜在风险和机遇，为在不确定的竞争环境下生鲜水产品电商平台供应商优选提供了深入洞察。竞争情报不仅涵盖了对竞争对手和市场环境的分析，还涉及对自身竞争策略的反思与优化。本文从竞争环境、竞争对手和竞争策略三个方面为电商平台的未来发展提供了前瞻性的建议与对策，以帮助他们更好地应对市场挑战和机遇，提升电商平台的市场竞争力，推动海洋经济的高质量发展。

一、竞争环境

1. 重点考虑影响消费者生鲜水产品购买意愿的核心指标，满足生鲜消费者的关键需求　消费者生鲜水产品购买意愿的核心指标包括产品质量、价格优势、购物便捷性、消费者对平台的信任、商品选择的多样性、个性化偏好以及信息的透明度等多方面因素。为了提升消费者的购买体验和满意度，电商平台可以通过针对性优化来满足这些关键需求。首先，平台应确保产品质量的可靠性，从源头把控供货渠道，严格执行冷链物流，保障产品的新鲜度和安全性。其次，在价格方面，可以通过合理定价和促销活动增强产品的市场竞争力。便捷性则可以通过优化购买流程、提高配送速度、简化售后服务等方式加以提升。再次，平台还应加强品牌建设和售后保障，以增强消费者对平台的信任感。对于选择多样性，平台应不断丰富产品线，提供更多生鲜水产品类别以满足不同消费者的需求。最后，个性化推荐系统可以根据用户的购物习惯和个人喜好，推送更符合其需求的商品。而信息透明度方面，平台应确保详细、真实的产品描述，包括来源、养殖/捕捞方式、保质期等信息，帮助消费者做出明智的购买决策。通过全方位优化这些元素，电商平台不仅能提升用户的购物体验，还能有效提高用户的忠诚度和复购率。

2. 建议结合事件相关电位（ERPs）等多种科学方法，深入探索影响消费者意愿和购买行为的因素　通过使用 ERPs 技术，可以实时记录消费者在网购过程中对不同广告、产品展示和促销信息的脑电活动，从神经科学的角度揭示消费者对刺激的认知负荷、情感反应以及决策过程中的潜在机制。此外，结合其他如眼动追踪、脑电反应等生理指标，可以更加全面地了解消费者在浏览商品、选择产品和最终购买过程中所经历的心理活动。结合大数据分析和人工智能算法，ERPs 等技术可以进一步帮助平台建立个性化的消费者画像，基于对消费者认知和情感反应的分析，为其推送更加精准的推荐和营销信息，从而促进消费者的网购行为，提升平台的市场竞争力。

3. 通过多媒体广告优化，提升用户体验和营销效果　具体而言，平台可以增加动态图片广告的使用，结合视频短片、动画和互动式元素，增强视觉吸引力和参与感。这类广告不仅能够吸引消费者的注意，还能通过生动的视觉表现形式激发消费者的积极情绪，从而影响其情感判断。此外，动态图片广告能更加直观地展示产品功能、使用场景等，有助于消费者更好地理解产品特点，进一步增加其购买欲望。同时，平台可以运用个性化推荐算法，根据消费者的浏览和购买历史，精准推送符合其偏好的动态广告，以此提高广告的相关性和转化率。通过这种方式，不仅能够有效提升平台广告的用户点击率，还可以促进实际销售转化，带动平台整体业绩的增长。

二、竞争对手

1. 深入研究消费者的需求、偏好以及购买行为，全面了解其购物动机和决策路径　生鲜水产品电商在做好商家维护的基础上，还应当扩展自己的情报信息调查网络，在搜索引擎、App 客户端设置用户意见反馈窗口，深入了解用户和市场最真切的关键需求，保持市场灵敏度。生鲜水产品电商也可以通过与信息中介处理机构、第三方服务公司等机构合作的方式，开发用户授权的数据信息，捕获出行喜好及需求，进行用户画像，实现优势资源的高效开发利用。深入研究消费者、电商平台之间的互动和演化过程，优化其定价策略。通过模拟消费者在不同市场环境下的行为演变，电商平台可以分析各类消费群体在面对价格、产品质量、服务等多种因素时的决策倾向及其演化规律。这一分析不仅有助于电商平台理解不同消费者群体之间及与水产品选择的相互影响，还能帮助识别市场中的主导策略和潜在的市场均衡状态。在此基础上，电商平台可以使用演化博弈方法，帮助设计产品差异化策略，根据不同消费者群体的演化路径，制定灵活、动态的定价策略，以适应市场变化。

2. 政府加大对电商平台的监管力度，增强对电商平台的信任感 生鲜水产品的电商平台的监管涉及多个环节，政府需从供应商资质认证、产品追溯体系建设、配送监管、抽检检测等方面入手，加大监管力度。首先，政府应加强对生鲜水产品供应商的资质认证，确保其符合相关卫生和安全标准。具体措施包括：制定统一的供应商资质认证标准，严格审查供应商的生产环境、设备、技术水平等；对供应商进行定期检查和评估，确保其持续符合认证标准；对存在问题的供应商进行整改和处罚，确保其整改到位后方可继续供货。其次，政府应该推动供应商建立完善的产品追溯体系，基于供应链实现生鲜水产品的溯源和流向追踪。通过建立电子标签、二维码等技术手段，消费者可以方便地查询产品的生产、加工、运输等信息，帮助监管部门在水产品安全事件中快速定位问题并采取适当措施。具体措施包括：制定统一的产品追溯标准和规范，确保追溯信息的准确性和完整性；推动供应商采用先进的追溯技术，如区块链技术，确保追溯信息的不可篡改性；建立全国统一的产品追溯信息平台，实现追溯信息的共享和查询。再次，供应商可以引入智能化技术对运输和配送进行实时监控，利用物联网设备对物流全过程进行跟踪，确保产品的运输温度、湿度、时间等信息透明化，进而提升供应链的可视化和可控性。消费者通过这些透明的信息，不仅能够放心购买产品，还能追溯到产品的生产与流通过程，增强对供应商的信任感。最后，政府应增加对生鲜水产品的抽检和检测频率，以确保产品符合国家的卫生和安全标准，有助于发现和处理不合格产品，保护消费者权益。具体措施包括：制定统一的抽检和检测标准，确保抽检和检测的科学性和准确性；增加抽检和检测的频率和覆盖面，确保抽检和检测的广泛性和代表性；对抽检和检测结果进行公开公示，确保消费者能够及时了解抽检和检测的结果。通过这些措施，可以有效提高生鲜水产品的整体质量，减少食品安全事件的发生。

3. 消费者应该进行积极的消费反馈和投诉，切实保护消费者的合法权利
如果消费者发现自己的权益受到侵害，可以通过多种维权手段维护自身合法权益，并及时向相关政府部门进行投诉，促使政府部门加强监管，切实保护消费者的合法权利。首先，消费者应保留相关证据，如购物发票、产品包装、合同、聊天记录等，以便在投诉时能够提供充分的证据支持。其次，消费者可以通过消费者协会、市场监管部门或电子商务平台的投诉渠道进行反馈，要求问题得到妥善解决。再次，消费者可以借助法律途径维护权益，如根据《消费者权益保护法》《电子商务法》等相关法律法规，向法院提起诉讼，或通过调解仲裁等方式解决纠纷。最后，消费者可以通过新闻媒体或社交平台公开曝光不法商家行为，利用公众舆论和社会监督力量促使问题得到重视和解决。

4. 建立消费者-政府协同监管机制，增加监管的透明度和公信力 生鲜水产品网购监管的最终目标是规范市场行为，保障消费者权益。这需要政府、平台和消费者三方的共同努力。政府应建立规避生鲜水产品电商平台道德风险行为的消费者-政府协同监管机制。首先，政府应建立消费者反馈机制，鼓励消费者在购买生鲜水产品时积极反馈其购物体验和发现的问题。通过消费者的反馈，及时发现市场中的问题和隐患，有助于监管部门采取针对性的措施。其次，进行消费者举报奖励。对于举报生鲜水产品网购中存在的虚假宣传、欺诈行为等不法行为的消费者，政府可以给予一定的奖励，以激励消费者积极参与市场监管。最后，可以建立统一的公众监督平台，方便消费者进行举报和投诉；对举报和投诉的处理过程进行公开公示，确保处理的公平、公正、透明；对公众监督平台进行定期维护和升级，确保平台的稳定性和安全性。通过建立消费者-政府协同监管机制，可以弥补传统市场监管模式的不足，形成多主体参与的生鲜水产品网购监管机制，促进市场的规范和健康发展。

三、竞争策略

1. 考虑单值中智语言对数加权距离度量法，对平台供应商进行优选排序
考虑到第五、六章所得出的消费者意愿和行为的不确定性信息的基础上，再使用单值中智语言对数加权距离度量方法，综合考虑多个指标和因素，从而对生鲜水产品电商平台上的供应商进行客观比较和排序，提升电商平台的竞争力，促进生鲜水产品电商平台的可持续发展。

2. 制定和实施一系列激励政策和奖惩机制，规范市场秩序　首先，对于符合国家安全标准的产品和商家，政府可以给予一定的优惠政策。例如，可以对这些企业在税收上给予减免，或者在资金上给予补助，激励其持续提供高质量的产品和服务。同时，可以通过政府认证标志（如绿色食品认证、有机食品认证等），提高合规产品和商家的市场竞争力，增加其销售量。其次，对于存在虚假宣传、欺诈行为的平台和商家，政府应加大处罚力度。例如，可以对这些企业处以高额罚款，甚至吊销其营业执照。同时，应通过媒体曝光这些不良企业的违法违规行为，形成强有力的社会舆论压力，震慑其他企业不敢违法违规。最后，政府应建立生鲜水产品网购平台和商家的诚信档案，记录其诚信行为和违规记录，并向社会公开。消费者可以通过查询诚信档案，了解平台和商家的信誉情况，从而选择信誉良好的商家进行购买。诚信档案不仅可以提高市场透明度，还可以激励企业重视自身的信誉，规范经营行为。通过这些政策引导措施，可以有效规范市场行为，促进生鲜水产品网购市场的健康发展。

3. 加强不同部门之间的协调与合作，形成一体化的监管体系　首先，政府应建立跨部门的联动机制，确保各部门之间的信息共享和协同配合。例如，市场监管部门、食品安全管理部门、电子商务管理部门等可以定期召开联席会议，讨论和解决监管中的问题。同时，可以建立跨部门的应急响应机制，在发生食品安全事件时，能够快速响应、协同处理。其次，各部门应建立统一的信息平台，及时共享有关生鲜水产品的监管信息，包括产品检测结果、供应商资质认证情况等，确保各部门能够及时获取和使用相关信息。具体措施包括：建立统一的监管信息平台，实现各部门监管信息的实时共享和查询；制定信息共享的标准和规范，确保信息共享的准确性和完整性；对信息共享的平台进行定期维护和升级，确保信息共享平台的稳定性和安全性。最后，针对生鲜水产品网购中的重点问题和突出隐患，政府可以组织开展联合执法行动，提高监管的覆盖面和执法效果。例如，可以定期组织市场监管部门、食品安全管理部门、电子商务管理部门等联合开展专项执法检查，对存在问题的平台和商家进行查处和整改。通过加强跨部门合作，可以提高生鲜水产品网购监管的效能，降低道德风险，保障消费者的权益。

■ 第三节 研究局限与未来展望

尽管本文在处理生鲜水产品供应商优选问题方面取得了一些有益的进展，但仍然存在一些不足之处需要考虑和改进。

在消费者意愿研究方面，主要存在以下局限性。

（1）样本特征限制。该部分的研究可能仅仅基于特定地区或文化背景的消费者，因此不一定能够代表全球范围内的消费者。样本的多样性和代表性可能有待进一步提高。

（2）图片选择。该研究使用了静态和动态图片作为研究材料，但图片的内容和呈现方式可能会影响消费者的意愿。未来的研究可以探讨不同类型、不同风格和不同质量的图片对消费者行为的影响。

（3）实验环境。实验通常在受控环境中进行，可能无法捕捉到消费者在真实购物环境中的复杂情境和干扰因素。

在消费者行为研究方面，主要存在以下局限性。

（1）模型简化。该部分使用了演化博弈模型来研究消费者的购买行为，但模型通常需要建立一系列假设。这些假设可能无法完全反映真实市场的复杂性和不确定性。

（2）实际行为和模型之间的差距。模型研究和实际消费者行为之间存在差距，因为模型通常是基于理性决策的假设，而实际消费者行为可能受到更多非理性因素的影响。

（3）时间维度。该部分的研究可能没有考虑时间的动态性，即市场和消费者行为随时间的推移可能发生变化。长期跟踪研究可能有助于更好地理解演化过程。

在供应商优选研究方面，主要存在以下局限性。

（1）推广性问题。本文主要聚焦于生鲜水产品供应商优选问题，因此在其他领域的推广可能受到限制。未来研究可以尝试将 SVNLS 方法和 SVNLCW-LAD 度量应用于更广泛的决策问题中，以评估其通用性和适用性。

（2）数据获取问题。本文的可行性和有效性建立在数据的可获得性和准确性之上。在实际应用中，本文更多地依赖于主观数据，若想拓展到客观数据评价方面，数据获取可能会面临一些挑战，特别是在多属性群决策问题中。未来研究可以考虑如何处理数据获取的问题以及如何更好地利用残缺数据或不完美的数据进行决策。

（3）SVNLS 参数设置问题。本文中的 SVNLS 方法需要设置一些参数，如权重和模糊语言集合。这些参数设置可能会影响结果的稳定性和可靠性。未来研究可以进一步研究如何确定这些参数以获得更好的决策性能。

（4）理论验证问题。本文的理论方法和模型在数学上是合理的，但仍需要更多的实证研究来验证其在实际问题中的有效性。未来的研究可以考虑开展更多的实际案例分析和实验以验证所提出方法的实用性。

（5）其他方法比较问题。本文主要关注了 SVNLCWLAD 度量方法，但并没有与其他现有的多属性群决策方法进行深入的比较和对比。未来的研究可以考虑将 SVNLCWLAD 与其他经典和新兴的决策方法进行比较，以评估其性能和竞争力。

总之，尽管存在一些不足之处，本文为处理不确定竞争环境下的多属性群决策问题提供了一个新的方法和工具，并为在不确定性环境中进行供应商优选提供了有益的思路。未来的研究将继续改进和完善这一方法，以更好地满足实际应用的需求。

参 考 文 献

[1] 郑火国. 食品安全可追溯系统研究 [D]. 北京：中国农业科学院，2012.

[2] 陈镜羽，黄辉. 我国生鲜农产品电子商务冷链物流现状与发展研究 [J]. 科技管理研究，2015，35（6）：179-183.

[3] 李继尊. 关于互联网金融的思考 [J]. 管理世界，2015（7）：1-7，16.

[4] 金亮，郑本荣. 电商平台自营渠道引入决策：在线产品评论的价值 [J]. 系统工程理论与实践，2023，43（2）：469-487.

[5] 黄海龙. 基于以电商平台为核心的互联网金融研究 [J]. 上海金融，2013（8）：18-23，116.

[6] 吕越，洪俊杰，陈泳昌，等. 双重电商平台出口的规模效应与中间品效应：兼论新发展格局下两个市场的利用 [J]. 经济研究，2022，57（8）：137-153.

[7] 张洪胜，张小龙. 跨境电商平台促进全球普惠贸易：理论机制、典型事实和政策建议 [J]. 国际商务研究，2021，42（4）：74-86.

[8] 郭海玲，赵颖，史海燕. 电商平台短视频信息展示对消费者购买意愿的影响研究 [J]. 情报理论与实践，2019，42（5）：141-147.

[9] 刘春明，郝庆升，周杨，等. 电商平台中绿色农产品消费者信息采纳行为及影响因素研究：基于信息生态视角 [J]. 情报科学，2019，37（7）：151-157.

[10] 蔡瑞雷，黄金放. 新零售背景下电商平台搜索流量优化研究：基于淘宝平台搜索流量优化方案的设计与改进 [J]. 价格理论与实践，2019（10）：124-127.

[11] 蒋慧，徐浩宇. 电商平台个性化推荐算法规制的困境与出路 [J]. 价格理论与实践，2022（12）：39-43.

[12] 陈耀庭，黄和亮. 我国生鲜电商"最后一公里"众包配送模式 [J]. 中国流通经济，2017，31（2）：10-19.

[13] 刘建鑫，王可山，张春林. 生鲜农产品电子商务发展面临的主要问题及对策 [J]. 中国流通经济，2016，30（12）：57-64.

[14] 申强，徐莉莉，杨为民，等. 需求不确定下双渠道供应链产品质量控制研究 [J]. 中国管理科学，2019，27（3）：128-136.

[15] 丁锋，陈军，陈超，等. 基于差异化战略的跨境电商竞争策略研究 [J]. 运筹与管

理，2019，28（6）：33-40.

[16] 黄勇．基于安全与效率的武汉市水产品供应链结构优化研究［D］．武汉：华中农业大学，2012.

[17] 李维安，李勇建，石丹．供应链治理理论研究：概念、内涵与规范性分析框架［J］．南开管理评论，2016，19（1）：4-15，42.

[18] 黄祖庆，达庆利．直线型再制造供应链决策结构的效率分析［J］．管理科学学报，2006（4）：51-57.

[19] 殷俊明，王平心，王晨佳．供应链成本管理：发展过程与理论结构［J］．会计研究，2006（10）：44-49，95-96.

[20] 李婧婧．利用区块链提高产品生态设计的透明度和可追溯性［J］．科技管理研究，2022，42（19）：181-191.

[21] 龚强，陈丰．供应链可追溯性对食品安全和上下游企业利润的影响［J］．南开经济研究，2012（6）：30-48.

[22] 鲁其辉，朱道立．含交付时间不确定性的供应链协调策略研究［J］．管理科学学报，2008，11（2）：50-60.

[23] 路应金，唐小我，张勇．供应链中牛鞭效应的分形特征研究［J］．系统工程学报，2006（5）：463-469.

[24] 曹裕，易超群，万光羽．基于"搭便车"行为的双渠道供应链库存竞争和促销策略［J］．中国管理科学，2019，27（7）：106-115.

[25] 顾巧论，高铁杠，石连栓．基于博弈论的逆向供应链定价策略分析［J］．系统工程理论与实践，2005（3）：20-25.

[26] 刘浪，史文强，冯良清．多因素扰动情景下应急数量弹性契约的供应链协调［J］．中国管理科学，2016，24（7）：163-176.

[27] 肖静华，谢康，吴瑶，等．从面向合作伙伴到面向消费者的供应链转型：电商企业供应链双案例研究［J］．管理世界，2015（4）：137-154，188.

[28] 蒋玮，叶俊杰，刘业政．消费者认知风格对 Web 页面复杂度偏好影响的实证研究［J］．情报杂志，2011，30（7）：178-184.

[29] 华连连，邓思捷，王建，等．考虑顾客效用和时变品质度的乳品供应链品质激励契约研究［J］．中国管理科学，2021，29（11）：146-157.

[30] 盛光华，戴佳彤，岳蓓蓓．"绿色"的联想：绿色产品包装颜色影响消费者绿色购买意愿的权变机制研究［J］．外国经济与管理，2021，43（5）：91-105.

[31] 王建华，马玉婷，王晓莉．农产品安全生产：农户农药施用知识与技能培训［J］．中国人口·资源与环境，2014，24（4）：54-63.

[32] 杜华勇，郭旭光，滕颖．平台领导视角下电商平台竞争力前因组态研究［J］．管理学报，2023，20（2）：258-266.

[33] 王磊. 第三方支付平台监管：进展、问题与完善建议 [J]. 价格理论与实践，2021，446（8）：28-34.

[34] 郭忠亭，魏中京，高建宁. 消费者需求导向下电子商务物流配送体系优化策略 [J]. 商业经济研究，2021，828（17）：93-96.

[35] 郭晓姝，叶强，祁阿莹，等. 解释驳斥管理反馈策略对消费者满意度的影响 [J]. 管理科学，2020，33（5）：58-71.

[36] 颛孙丰勤，陈皎皎. 电商直播购物情境下售后处理与消费者重购意愿关系浅析 [J]. 商业经济研究，2022，845（10）：98-100.

[37] LIN J，LI T，GUO J. Factors influencing consumers' continuous purchase intention on fresh food e-commerce platforms：an organic foods-centric empirical investigation [J]. Electronic Commerce Research and Applications，2021，50：101 103.

[38] MAITY M，DASS M. Consumer decision-making across modern and traditional channels：e-commerce，m-commerce，in-store [J]. Decision Support Systems，2014，61：34-46.

[39] LU M，WANG R，LI P. Comparative analysis of online fresh food shopping behavior during normal and COVID-19 crisis periods [J]. British Food Journal，2022，124（3）：968-986.

[40] SHETH J. Impact of Covid-19 on consumer behavior：Will the old habits return or die? [J]. Journal of business research，2020，117：280-283.

[41] CHOKENUKUL P，SUKHABOT S，RINTHAISONG I. A causal relationship model of purchasing behavior of consumers in Thailand regarding processed fish products [J]. Kasetsart Journal of Social Sciences，2019，40（2）：366-372.

[42] 昝梦莹，陈光，王征兵. 我国生鲜电商发展历程、现实困境与应对策略 [J]. 经济问题，2020（12）：68-74.

[43] 毕会娜，孟佳林，李春阳. 生鲜电商新零售模式应用及其提升路径 [J]. 商业经济研究，2021，833（22）：101-104.

[44] 刘墨林，但斌，马崧萱. 考虑保鲜努力与增值服务的生鲜电商供应链最优决策与协调 [J]. 中国管理科学，2020，28（8）：76-88.

[45] 王可山，郝裕，秦如月. 农业高质量发展、交易制度变迁与网购农产品消费促进：兼论新冠肺炎疫情对生鲜电商发展的影响 [J]. 经济与管理研究，2020，41（4）：21-31.

[46] 刘华楠，刘敏. 基于 Logistic 回归分析的消费者网购水产品购买意向研究 [J]. 现代管理科学，2015，263（2）：109-111.

[47] 王可山. 网购食品消费者选择行为的影响因素 [J]. 中国流通经济，2020，34（1）：74-82.

[48] NARASIMHAN R，GHOSH S，MENDEZ D. A dynamic model of product quality and pricing decisions on sales response［J］. Decision Sciences，1993，24（5）：893 - 908.

[49] 王鹏，陈迅，郑效晨. 基于消费者监督的弱税市场税收监管［J］. 系统工程理论与实践，2015，35（4）：847 - 856.

[50] PERROUX F. The domination effect and modern economic theory［J］. Social Research，1950：188 - 206.

[51] 王德正，郑凯思. 电商产品质量监管多方行为博弈及仿真：基于消费者反馈机制［J］. 管理现代化，2022，42（2）：140 - 147.

[52] 杜志平，付帅帅，穆东，等. 基于4PL的跨境电商物流联盟多方行为博弈研究［J］. 中国管理科学，2020，28（8）：104 - 113.

[53] 何琦，胡斌，王如意. 平台动态激励、消费采纳与数字内容创新：基于三方主体演化博弈分析［J］. 运筹与管理，2022，31（9）：41 - 48.

[54] CHALFANT J A，SEXTON R J. Marketing orders，grading errors，and price discrimination［J］. American Journal of Agricultural Economics，2002，84（1）：53 - 66.

[55] 白世贞，许文虎，姜曼. 电商平台大数据"杀熟"行为的协同治理研究：基于电商企业、消费者和政府三方演化博弈分析［J］. 价格理论与实践，2022（12）：141 - 144，203.

[56] 侯薇薇，荆文君，顾昭明. 平台企业规模、数据优势与价格歧视［J］. 管理评论，2023，35（1）：66 - 74.

[57] 赵传羽，丁预立. 双边市场基于购买行为的价格歧视研究：平台企业"杀熟"行为的经济学实验［J］. 社会科学战线，2022，324（6）：79 - 91，281.

[58] 甄艺凯. 转移成本视角下的大数据"杀熟"［J］. 管理世界，2022，38（5）：84 - 117.

[59] VARIAN H R. Price discrimination［J］. Handbook of industrial organization，1989，1：597 - 654.

[60] 夏西强，曹裕，胡韩莉. 基于公平关切线上与线下销售渠道演化博弈研究［J］. 中国管理科学，2019，27（9）：130 - 137.

[61] NARASIMHAN R，GHOSH S，MENDEZ D. A dynamic model of product quality and pricing decisions on sales response［J］. Decision Sciences，1993，24（5）：893 - 908.

[62] LI D，NAGURNEY A，YU M. Consumer learning of product quality with time delay：Insights from spatial price equilibrium models with differentiated products［J］. Omega，2018，81：150 - 168.

[63] LEE H L，BILLINGTON C. Material management in decentralized supply chains［J］. Operations research，1993，41（5）：835 - 847.

[64] DUBEY R, GUNASEKARAN A, CHILDE S J, et al. Antecedents of resilient supply chains: An empirical study [J]. IEEE Transactions on Engineering Management, 2017, 66 (1): 8 - 19.

[65] BENSAOU M. Portfolios of buyer-supplier relationships [J]. MIT Sloan Management Review, 1999.

[66] CHOPRA S, MEINDL P. Supply chain management. Strategy, planning & operation [M]. Gabler, 2007.

[67] 付秋芳, 赵淑雄. 基于多目标二层规划的服务供应链服务能力协同决策模型 [J]. 中国管理科学, 2012, 20 (6): 61 - 69.

[68] 吴军, 李健, 汪寿阳. 供应链风险管理中的几个重要问题 [J]. 管理科学学报, 2006 (6): 1 - 12.

[69] 高举红, 韩红帅, 侯丽婷, 等. 考虑产品绿色度和销售努力的零售商主导型闭环供应链决策研究 [J]. 管理评论, 2015, 27 (4): 187 - 196.

[70] NAMDAR J, LI X, SAWHNEY R, et al. Supply chain resilience for single and multiple sourcing in the presence of disruption risks [J]. International Journal of Production Research, 2018, 56 (6): 2339 - 2360.

[71] BROM F W. Food, consumer concerns, and trust: food ethics for a globalizing market [J]. Journal of Agricultural Environmental Ethics, 2000, 12 (2): 127 - 139.

[72] DE JONGE J, VAN TRIJP H, GODDARD E, et al. Consumer confidence in the safety of food in Canada and the Netherlands: The validation of a generic framework [J]. Food Quality and Preference, 2008, 19 (5): 439 - 451.

[73] SAPP S G, ARNOT C, FALLON J, et al. Consumer trust in the US food system: an examination of the recreancy theorem [J]. Rural Sociology, 2009, 74 (4): 525 - 545.

[74] ZHANG H, LIU Y, ZHANG Q, et al. A Bayesian network model for the reliability control of fresh food e-commerce logistics systems [J]. Soft Computing, 2020: 1 - 21.

[75] MICHAELIDOU N, HASSAN L M. The role of health consciousness, food safety concern and ethical identity on attitudes and intentions towards organic food [J]. International journal of consumer studies, 2008, 32 (2): 163 - 170.

[76] FABINYI M, LIU N, SONG Q, et al. Aquatic product consumption patterns and perceptions among the Chinese middle class [J]. Regional Studies in Marine Science, 2016, 7: 1 - 9.

[77] HU Y, YUAN C, YU K, et al. An online survey study of consumer preferences on aquatic products in China: Current seafood consumption patterns and trends [J]. Fisheries Aquaculture Journal, 2014, 5 (2): 1.

［78］ ZHANG Y. Application of improved BP neural network based on e-commerce supply chain network data in the forecast of aquatic product export volume ［J］. Cognitive Systems Research，2019，57：228－235.

［79］ BOKSEM M A，SMIDTS A. Brain responses to movie trailers predict individual preferences for movies and their population-wide commercial success ［J］. Journal of Marketing Research，2015，52（4）：482－492.

［80］ WUKE Z，JIN J，WANG A，et al. Consumers' implicit motivation of purchasing luxury brands：an EEG study ［J］. Psychology Research and Behavior Management，2019，12：913－929.

［81］ JIN J，DOU X，MENG L，et al. Environmental-friendly eco-iabeling matters：evidences from an ERPs study ［J］. Frontiers in Human Neuroscience，2018，12.

［82］ POZHARLIEV R，VERBEKE W，VAN STRIEN J，et al. Merely being with you increases my attention to luxury products：using EEG to understand consumers' emotional experience of luxury branded products ［J］. Journal of Marketing Research，2015，52：546－558.

［83］ FOLSTEIN J R，VAN PETTEN C. Influence of cognitive control and mismatch on the N2 component of the ERP：a review ［J］. Psychophysiology，2008，45（1）：152－170.

［84］ EIMER M. Effects of attention and stimulus probability on ERPs in a Go/NoGo task ［J］. Biological psychology，1993，35：123－138.

［85］ JIN J，WUKE Z，CHEN M. How consumers are affected by product descriptions in online shopping：Event-related potentials evidence of the attribute framing effect ［J］. Neuroscience Research，2017，125.

［86］ MA Q，WANG K，WANG X，et al. The influence of negative emotion on brand extension as reflected by the change of N2：a preliminary study ［J］. Neuroscience letters，2010，485：237－240.

［87］ SHANG Q，PEI G，JIN J. My friends have a word for it：event-related potentials evidence of how social risk inhibits purchase intention ［J］. Neuroscience Letters，2017，643.

［88］ SCHMITT B M，SCHILTZ K，ZAAKE W，et al. An electrophysiological analysis of the time course of conceptual and syntactic encoding during tacit picture naming ［J］. Journal of cognitive neuroscience，2001，13（4）：510－522.

［89］ SCHMITT B M，RODRIGUEZ-FORNELLS A，KUTAS M，et al. Electrophysiological estimates of semantic and syntactic information access during tacit picture naming and listening to words ［J］. Neuroscience Research，2001，41（3）：293－298.

[90] ERT E, FLEISCHER A, MAGEN N. Trust and reputation in the sharing economy: The role of personal photos in Airbnb [J]. Tourism management, 2016, 55: 62-73.

[91] BLAND J M, ALTMAN D G. Statistics notes: Cronbach's alpha [J]. Bmj, 1997, 314 (7080): 572.

[92] GOLDSTEIN A G, CHANCE J E, HOISINGTON M, et al. Recognition memory for pictures: Dynamic vs. static stimuli [J]. Bulletin of the Psychonomic Society, 1982, 20: 37-40.

[93] ROGGEVEEN A L, GREWAL D, TOWNSEND C, et al. The impact of dynamic presentation format on consumer preferences for hedonic products and services [J]. Journal of Marketing, 2015, 79 (6): 34-49.

[94] THOMAS N, MULLIGAN J. Dynamic imagery in children's representations of number [J]. Mathematics Education Research Journal, 1995, 7 (1): 5-25.

[95] CIAN L, KRISHNA A, ELDER R S. This logo moves me: Dynamic imagery from static images [J]. Journal of Marketing Research, 2014, 51 (2): 184-97.

[96] CIAN L, KRISHNA A, ELDER R S. A sign of things to come: behavioral change through dynamic iconography [J]. Journal of Consumer Research, 2015, 41 (6): 1 426-46.

[97] ALGHARABAT R, ALALWAN A A, RANA N P, et al. Three dimensional product presentation quality antecedents and their consequences for online retailers: The moderating role of virtual product experience [J]. Journal of Retailing and Consumer Services, 2017, 36: 203-17.

[98] KRISHNA A, CIAN L, SOKOLOVA T. The power of sensory marketing in advertising [J]. Current Opinion in Psychology, 2016, 10: 142-147.

[99] THIRUCHSELVAM R, BLECHERT J, SHEPPES G, et al. The temporal dynamics of emotion regulation: an EEG study of distraction and reappraisal [J]. Biological psychology, 2011, 87 (1): 84-92.

[100] YONGBIN M, JIN J, YU W, et al. How is the neural response to the design of experience goods related to personalized preference? an implicit view [J]. Frontiers in Neuroscience, 2018, 12: 760.

[101] YU H, DAN M, MA Q, et al. They all do it, will you? event-related potential evidence of herding behavior in online peer-to-peer lending [J]. Neuroscience Letters, 2018, 681.

[102] MA Q, HU Y, PEI G, et al. Buffering effect of money priming on negative emotions—an ERP study [J]. Neuroscience Letters, 2015, 606: 77-81.

[103] World Medical Association. World medical association declaration of helsinki. ethical

principles for medical research involving human subjects [J]. Bulletin of the World Health Organization, 2001, 79 (4): 373.

[104] PICTON T, BENTIN S, BERG P, et al. Guidelines for using human event-related potentials to study cognition: recording standards and publication criteria [J]. Psychophysiology, 2000, 37 (2): 127-52.

[105] GREENHOUSE S, GEISSER S. On methods in the analysis of profile data [J]. Psychometrika, 1959, 24: 95-112.

[106] MCCUBBIN S, PEARCE T, FORD J, et al. Social-ecological change and implications for food security in Funafuti, Tuvalu [J]. Ecology and Society, 2017, 22.

[107] PULCINI D, FRANCESCHINI S, BUTTAZZONI L, et al. Consumer preferences for farmed seafood: an Italian case study [J]. Journal of Aquatic Food Product Technology, 2020, 29 (5): 445-60.

[108] AMIT E, HOEFLIN C, HAMZAH N, et al. An asymmetrical relationship between verbal and visual thinking: converging evidence from behavior and fMRI [J]. NeuroImage, 2017, 152: 619-27.

[109] ADAVAL R, SALUJA G, JIANG Y. Seeing and thinking in pictures: a review of visual information processing [J]. Consumer Psychology Review, 2019, 2 (1): 50-69.

[110] O'CRAVEN K M, KANWISHER N. Visual imagery of moving stimuli activates area MT/MST [J]. Society for Neuroscience, New Orleans, 1997.

[111] PHILIP H, GOEBEL B, PACE N. Impact of culture-independent studies on the emerging phylogenetic view of bacterial bio-diversity [J]. Journal of bacteriology, 1998, 180: 4765-4774.

[112] NEUPÄRTL N, TATAI F, ROTHKOPF C A. Intuitive physical reasoning about objects' masses transfers to a visuomotor decision task consistent with Newtonian physics [J]. PLoS computational biology, 2020, 16 (10): e1007730.

[113] PIETERS R, WEDEL M, BATRA R. The stopping power of advertising: measures and effects of visual complexity [J]. Journal of Marketing, 2010, 74 (5): 48-60.

[114] PIETERS R, WEDEL M. Attention capture and transfer in advertising: brand, pictorial, and text-size effects [J]. Journal of Marketing, 2004, 68 (2): 36-50.

[115] RIETVELD R, VAN DOLEN W, MAZLOOM M, et al. What you feel, is what you like influence of message appeals on customer engagement on Instagram [J]. Journal of Interactive Marketing, 2020, 49: 20-53.

[116] 李莉, 杨文胜, 谢阳群, 等. 电子商务市场质量信息不对称问题研究 [J]. 管理评论, 2004 (3): 25-30, 63-64.

[117] 黄江杰，汤永川，孙守迁．我国数字创意产业发展现状及创新方向 [J]．中国工程科学，2020，22（2）：55 - 62.

[118] 黄凌晨，黄宗盛．消费者公平关切行为对零售商退款保证策略的影响研究 [J]．系统科学与数学，2021，41（9）：2520 - 2537.

[119] 甄艺凯．转移成本视角下的大数据"杀熟" [J]．管理世界，2022，38（5）：84 - 117.

[120] 汪旭晖，张其林．平台型电商企业的温室管理模式研究：基于阿里巴巴集团旗下平台型网络市场的案例 [J]．中国工业经济，2016（11）：108 - 125.

[121] 李世杰，李倩．产业链整合视角下电商平台企业的成长机理：来自市场渠道变革的新证据 [J]．中国流通经济，2019，33（9）：83 - 92.

[122] FRIEDMAN D. Evolutionary games in economics [J]. Econometrica：journal of the econometric society，1991：637 - 666.

[123] XU Z，CHENG Y，YAO S，et al. Tripartite evolutionary game model for public health emergencies [J]. Discrete Dynamics in Nature and Society，2021，772：1 - 14.

[124] HIRSCHMAN A O. The strategy of economic development [M]. Yale University Press，1958.

[125] HOULIHAN J B. International supply chains：a new approach [J]. International Journal of Physical Distribution & Logistics Management，1988，18（4）：21 - 28.

[126] STEVENS E. Logistics systems：an integrated approach [M]. Springer，1989.

[127] HARRISON J. The concept of the supply chain [M]. Cambridge University Press，1993.

[128] PORTER M E. Competitive advantage：creating and sustaining superior performance [M]. Free Press，1985.

[129] 戴孝悌．产业链内涵研究及其价值增值功能探析 [J]．经济管理，2015，37（5）：92 - 99.

[130] 厉无畏，王振．产业发展趋势与集群化、融合化、生态化的关系 [J]．经济管理，2003，25（3）：45 - 52.

[131] MICHAEL D. The economics of transaction costs：a critical review [J]. Journal of Economic Behavior & Organization，1999，38（2）：173 - 189.

[132] WILLIAMSON O E. The mechanisms of governance [M]. Oxford University Press，1996.

[133] 韩晶，陈超凡，冯科．环境规制对产业升级的影响：基于 1995—2007 年中国区域及产业数据的分析 [J]．经济研究，2014，49（7）：87 - 98.

[134] WILLIAMSON O E. Transaction-cost economics：the governance of contractual relations [J]. Journal of Law and Economics，1979，22（2）：233 - 261.

［135］MCNEIL D. The role of relationship norms in transaction governance ［J］. Journal of Business Research，1980，8（2）：193－212.

［136］HERRERA F，HERRERA-VIEDMA E. Linguistic decision analysis：steps for solving decision problems under linguistic information ［J］. Fuzzy Sets Syst. ，2000，115，67－82.

［137］ZADEH L A. Fuzzy sets ［J］. Inf. Control，1965，18，338－353.

［138］ATANASSOV K. Intuitionistic fuzzy sets ［J］. Fuzzy Sets Syst. ，1986，20，87－96.

［139］TORRA V. Hesitant fuzzy sets ［J］. Int. J. Intell. Syst. ，2010，25，529－539.

［140］YAGER R R. Pythagorean membership grades in multi-criteria decision making ［J］. IEEE Trans. Fuzzy Syst. ，2014，22，958－965.

［141］YE J. Multicriteria decision-making method using the correlation coefficient under single-valued neutrosophic environment ［J］. Int. J. Gen. Syst. ，2013，42，386－394.

［142］YAGER R R. Generalized orthopair fuzzy sets ［J］. IEEE Trans. Fuzzy Syst. ，2017，25，1222－1230.

［143］YE J. An extended TOPSIS method for multiple attribute group decision making based on single valued neutrosophic linguistic numbers ［J］. J. Intell. Fuzzy Syst. ，2015，28，247－255.

［144］JIN F F，PEI L D，CHEN H Y，et al. A novel decision-making model with pythagorean fuzzy linguistic information measures and its application to a sustainable blockchain product assessment problem ［J］. Sustainability，2019，11，5630.

［145］LIU P D，WANG Y M. Multiple attribute group decision making methods based on intuitionistic linguistic power generalized aggregation operator ［J］. Appl. Soft Comput. ，2014，17，90－104.

［146］GUO Z X，SUN F F. Multi-attribute decision making method based on single-valued neutrosophic linguistic variables and prospect theory ［J］. J. Intell. Fuzzy Syst. ，2019，37，5351－5362.

［147］ZHAO S P，WANG D，LIANG C Y，et al. Induced Choquet Integral aggregation operators with single-valued neutrosophic uncertain linguistic numbers and their application in multiple attribute group decision-making ［J］. Math. Probl. Eng. ，2019.

［148］JI P，ZHANG H Y，WANG J Q. Selecting an outsourcing provider based on the combined MABAC-ELECTRE method using single-valuedneutrosophic linguistic sets ［J］. Comput. Ind. Eng. ，2018，120，429－441.

［149］WANG J Q，YANG Y，LI L. Multi-criteria decision-making method based on single-valued neutrosophic linguistic Maclaurin symmetric mean operators ［J］. Neural

Comput. Appl. , 2018, 30, 1529 – 1547.

[150] CHEN J, ZENG S Z, ZHANG C H. An OWA distance-based, single-valued neutrosophic linguistic topsis approach for green supplier evaluation and selection in low-carbon supply chains [J]. Int. J. Environ. Res. Public Health, 2018, 15, 1439.

[151] CAO C D, ZENG S Z, LUO D D. A single-valued neutrosophic linguistic combined weighted distance measure and its application in multiple-attribute group decision-making [J]. Symmetry, 2019, 11, 275.

[152] GARG H, NANCY. Linguistic single-valued neutrosophic prioritized aggregation operators and their applications to multiple-attribute group decision-making [J]. J. Ambient Intell. Humaniz. Comput. , 2018, 9, 1975 – 1997.

[153] MERIGÓ J M, PALACIOS-MARQUÉS D, SOTO-ACOSTA P. Distance measures, weighted averages, OWA operators and Bonferroni means [J]. Appl. Soft Comput. , 2017, 50, 356 – 366.

[154] MERIGÓ J M, GIL-LAFUENTE A M. New decision-making techniques and their application in the selection of financial products [J]. Inf. Sci. , 2010, 180, 2085 – 2094.

[155] MERIGÓ J M, CASANOVAS M. Decision making with distance measures and linguistic aggregation operators [J]. Int. J. Fuzzy Syst. , 2010, 12, 190 – 198.

[156] MERIGÓ J M, CASANOVAS M. Decision making with distance measures and induced aggregation operators [J]. Comput. Ind. Eng. , 2011, 60, 66 – 76.

[157] XIAN S D, SUN W J, XU S H, et al. Fuzzy linguistic induced OWA Minkowski distance operator and its application in group decision making [J]. Pattern Anal. Appl. , 2016, 19, 325 – 335.

[158] MERIGÓ J M, CASANOVAS M, ZENG S Z. Distance measures with heavy aggregation operators [J]. Appl. Math. Model. , 2014, 38, 3142 – 3153.

[159] ZHOU L G, XU J X, CHEN H Y. Linguistic continuous ordered weighted distance measure and its application to multiple attributes group decision making [J]. Appl. Soft Comput. , 2014, 25, 266 – 276.

[160] ZENG S Z, SU W H. Intuitionistic fuzzy ordered weighted distance operator [J]. Knowledge-Based Systems, 2011, 24, 1224 – 1232.

[161] ZENG S Z, XIAO Y. A method based on TOPSIS and distance measures for hesitant fuzzy multiple attribute decision making [J]. Technol. Econ. Dev. Econ. , 2018, 24, 969 – 983.

[162] XU Z S, XIA M M. Distance and similarity measures for hesitant fuzzy sets [J]. Inf. Sci. , 2011, 181, 2128 – 2138.

[163] QIN Y, LIU Y, HONG Z Y. Multicriteria decision making method based on generalized Pythagorean fuzzy ordered weighted distance measures [J]. J. Intell. Fuzzy Syst. , 2017, 33, 3665 - 3675.

[164] ZENG S Z, CHEN J P, LI X S. A hybrid method for pythagorean fuzzy multiple-criteria decision making [J]. Int. J. Inf. Technol. Decis. Mak. , 2016, 15, 403 - 422.

[165] ALFARO-GARCÍA V G, MERIGÓ J M, GIL-LAFUENTE A M, et al. Logarithmic aggregation operators and distance measures [J]. Int. J. Intell. Syst. , 2018, 33, 1488 - 1506.

[166] ZHOU L, CHEN H, LIU J. Generalized logarithmic proportional averaging operators and their applications to group decision making [J]. Knowl. Based Syst. , 2012, 36, 268 - 279.

[167] ZHOU L, TAO Z, CHEN H Y, et al. Generalized ordered weighted logarithmic harmonic averaging operators and their applications to group decision making [J]. Soft Comput, 2014, 19, 715 - 730.

[168] ALFARO-GARCIA V G, MERIGO J M, PLATA-PEREZ L, et al. Gil-Lafuente A M. Induced and logarithmic distances with multi-region aggregation operators [J]. Technol. Econ. Dev. Econ. , 2019, 25, 664 - 692.

[169] SMARANDACHE F. Neutrosophy, Neutrosophic Probability, Set, and Logic. Proquest Information & Learning; American Research Press: Ann Arbor, MI, USA, 1998.

[170] XU Z S. A note on linguistic hybrid arithmetic averaging operator in multiple attribute group decision making with linguistic information [J]. Group Decis. Negot. , 2006, 15, 593 - 604.

[171] YAGER R R. On ordered weighted averaging aggregation operators in multi-criteria decision making [J]. IEEE Trans. Syst. Man Cybern. B, 1988, 18, 183 - 190.

[172] ZENG S Z, SU W H, ZHANG C H. Intuitionistic fuzzy generalized probabilistic ordered weighted averaging operator and its application to group decision making [J]. Technol. Econ. Dev. Econ. , 2016, 22, 177 - 193.

[173] YU L P, ZENG S Z, MERIGO J M, et al. A new distance measure based on the weighted induced method and its application to Pythagorean fuzzy multiple attribute group decision making [J]. Int. J. Intell. Syst. , 2019, 34, 1440 - 1454.

[174] ZENG S Z, PENG X M, BALEŽENTIS T, et al. Prioritization of low-carbon suppliers based on Pythagorean fuzzy group decision making with self-confidence level [J]. Econ. Res. Ekon. Istraživanja, 2019, 32, 1073 - 1087.

[175] ZENG S Z, MU Z M, BALEZENTIS T. A novel aggregation method for Pythagorean

fuzzy multiple attribute group decision making [J]. Int. J. Intell. Syst., 2018, 33, 573 – 585.

[176] MERIGÓ J M, YAGER R R. Generalized moving averages, distance measures and OWA operators [J]. Int. J. Uncertain. Fuzziness Knowl. Based Syst., 2013, 21, 533 – 559.

[177] GARG H, RANI D. Exponential, logarithmic and compensative generalized aggregation operators under complex intuitionistic fuzzy environment [J]. Group Decis. Negot., 2019, 28, 991 – 1050.

[178] RAHMAN K, ABDULLAH S. Some induced generalized interval-valued Pythagorean fuzzy Einstein geometric aggregation operators and their application to group decision-making [J]. Comput. Appl. Math., 2019, 38, 139 – 154.

[179] LI J R, LU H X, ZHU J L, et al. Aquatic products processing industry in China: Challenges and outlook [J]. Trends Food Sci. Technol., 2009, 20, 73 – 77.

[180] ZENG S Z, CHEN S M, KUO L W. Multiattribute decision making based on novel score function of intuitionistic fuzzy values and modified VIKOR method [J]. Inf. Sci., 2019, 488, 76 – 92.

[181] ZHANG C H, WANG Q, ZENG S Z, et al. Streimikiene D. Alisauskaite-Seskiene I, Chen X. Probabilistic multi-criteria assessment of renewable micro-generation technologies in households [J]. J. Clean. Prod., 2019, 212, 582 – 592.

[182] BALEZENTIS T, STREIMIKIENE D, MELNIKIENĖ R, et al. Prospects of green growth in the electricity sector in Baltic States: Pinch analysis based on ecological footprint [J]. Resour. Conserv. Recycl., 2019, 142, 37 – 48.

[183] LUO D D, ZENG S Z, CHEN J. A probabilistic linguistic multiple attribute decision making based on a new correlation coefficient method and its application in hospital assessment [J]. Mathematics, 2020, 8, 340.

[184] ZHANG C H, CHEN C, STREIMIKIENE D, et al. Intuitionistic fuzzy multimoora approach for multi-criteria assessment of the energy storage technologies [J]. Appl. Soft Comput., 2019, 79, 410 – 423.

[185] JIN H H, ASHRAF S, ABDULLAH S, et al. Linguistic spherical fuzzy aggregation operators and their applications in multi-attribute decision making problems [J]. Mathematics, 2019, 7, 413.

附录Ⅰ　脑电实验指导语

　　欢迎参加水产品购买意愿实验，我们将如实地执行本实验说明所描述的实验规则。本次实验所提供的个人信息与实验数据将仅为研究所用，并且所有的信息均会保密。如有疑问，请随时提问。

　　请想象你准备在叮咚买菜购买水产品，可能是鱼、螃蟹、贝类、虾类等。这些产品有鲜活的也有冰鲜的。叮咚买菜根据产品特征设计了不同的产品图片，有动态也有静态。在本实验中，我们将为你呈现水产品的状态信息（鲜活或冰鲜）以及产品图片（动态或静态）。请你据此对该产品做出购买意愿打分。每个试次之间相互独立。

　　实验流程

　　实验流程如下图所示，首先屏幕上会出现一个"＋"符号。当其出现在屏幕上时，请集中注意力。当"＋"消失后，您会看到产品鲜活状态，之后屏幕将呈现产品的图片信息，最后请根据产品图片来进行购买意愿评分。

　　按键"1"——减少；

　　按键"3"——增加；

　　按键"2"——确定，进入下一轮。

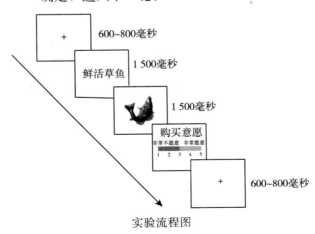

实验流程图

实验共分为 4 段，每段大约 7 分钟，中间有休息的时间，总时间约为 30 分钟。在实验过程，请您关闭手机，尽量保持身体不动。在正式实验开始之前，您将会进行 3 个轮次的练习实验，在您熟悉实验的基础流程之后，将开始正式实验。如有任何疑问或问题，请随时提问。

附录 Ⅱ 消费者生鲜水产品网购意愿 影响因素调查问卷

亲爱的参与者：

您好！

感谢您抽出宝贵的时间参与我们的调查！我们致力于了解消费者对于生鲜水产品网购意愿，此次调查旨在深入了解您对于网购生鲜水产品的看法和偏好，以及影响您决策的因素。

在当今快节奏的生活中，越来越多的人选择通过网络购买生鲜水产品，以便节省时间和精力。然而，网购存在着诸多因素和挑战，我们希望通过您的参与，能够更好地了解消费者对这些因素的关注和重视程度，以提高生鲜水产品网购体验。

请您根据您的实际经验和个人观点，诚实地回答以下问题。您的答案将被严格保密，并仅用于统计分析和研究目的。请注意，本调查纯属学术研究，没有任何商业目的。

再次感谢您的参与和支持！您的宝贵意见将对我们的研究产生重要的影响。如果您有任何疑问或需要进一步了解我们的研究，请在调查结束后，在意见反馈部分留下您的联系方式，我们将尽快与您联系。

一、您的基本情况

1. 您的性别

   A. 男　　　　　　　　　　　B. 女

2. 您的年龄

   A. 25 岁及以下　B. 26～40 岁　C. 41～55 岁　　D. 55 岁以上

3. 您的受教育程度

   A. 初中及以下　B. 高中　　　C. 大学　　　　D. 研究生

4. 每周网购频次

   A. 2 次及以下　B. 3～5 次　　C. 6～8 次　　　D. 8 次以上

5. 生鲜水产品需求

    A. 无需求   B. 较小需求   C. 中等需求   D. 较大需求

二、您选择网购生鲜水产品时，下列因素对您购买意愿的影响程度

（一）产品因素

1. 产品的展示效果（图片静动态性）

    A. 完全不影响   B. 影响较小   C. 具有一定影响   D. 影响较大
    E. 极其受影响

2. 生鲜水产品的品质（冰鲜/生鲜）

    A. 完全不影响   B. 影响较小   C. 具有一定影响   D. 影响较大
    E. 极其受影响

3. 生鲜水产品包装方式和保鲜性能

    A. 完全不影响   B. 影响较小   C. 具有一定影响   D. 影响较大
    E. 极其受影响

4. 生鲜水产品种类多样性

    A. 完全不影响   B. 影响较小   C. 具有一定影响   D. 影响较大
    E. 极其受影响

5. 生鲜水产品产地及原料

    A. 完全不影响   B. 影响较小   C. 具有一定影响   D. 影响较大
    E. 极其受影响

6. 生鲜水产品安全认证与质量标准

    A. 完全不影响   B. 影响较小   C. 具有一定影响   D. 影响较大
    E. 极其受影响

7. 生鲜水产品品牌声誉

    A. 完全不影响   B. 影响较小   C. 具有一定影响   D. 影响较大
    E. 极其受影响

（二）平台因素

1. 网购平台价格竞争力

    A. 完全不影响   B. 影响较小   C. 具有一定影响   D. 影响较大
    E. 极其受影响

2. 网购平台的信誉和口碑

    A. 完全不影响   B. 影响较小   C. 具有一定影响   D. 影响较大
    E. 极其受影响

3. 网购平台支付安全性

    A. 完全不影响　　B. 影响较小　　　C. 具有一定影响　　D. 影响较大

    E. 极其受影响

4. 网购平台操作便捷性

    A. 完全不影响　　B. 影响较小　　　C. 具有一定影响　　D. 影响较大

    E. 极其受影响

5. 网购平台信息保密性

    A. 完全不影响　　B. 影响较小　　　C. 具有一定影响　　D. 影响较大

    E. 极其受影响

6. 网购平台界面设计

    A. 完全不影响　　B. 影响较小　　　C. 具有一定影响　　D. 影响较大

    E. 极其受影响

7. 网购平台促销、折扣频率及力度

    A. 完全不影响　　B. 影响较小　　　C. 具有一定影响　　D. 影响较大

    E. 极其受影响

（三）售后因素

1. 生鲜水产品的配送速度及可靠性

    A. 完全不影响　　B. 影响较小　　　C. 具有一定影响　　D. 影响较大

    E. 极其受影响

2. 生鲜水产品是否采用冷链物流

    A. 完全不影响　　B. 影响较小　　　C. 具有一定影响　　D. 影响较大

    E. 极其受影响

3. 用户评价及反馈

    A. 完全不影响　　B. 影响较小　　　C. 具有一定影响　　D. 影响较大

    E. 极其受影响

4. 退换货政策

    A. 完全不影响　　B. 影响较小　　　C. 具有一定影响　　D. 影响较大

    E. 极其受影响

5. 售后服务质量与服务态度

    A. 完全不影响　　B. 影响较小　　　C. 具有一定影响　　D. 影响较大

    E. 极其受影响

6. 投诉处理机制

A. 完全不影响　　B. 影响较小　　　C. 具有一定影响　　D. 影响较大

E. 极其受影响

7. 售后处理速度及质保期的长短

A. 完全不影响　　B. 影响较小　　　C. 具有一定影响　　D. 影响较大

E. 极其受影响